Les plus belles chansons du temps passé

Dans la même collection :

Les plus beaux contes du temps passé
Les plus beaux poèmes de la langue française
Les saints du calendrier

Imprimé et relié par Gráficas Estella en Espagne
Dépôt légal nº 4272 - Mars 1999
22.51.3274.04/2
ISBN : 2.01.223274.4
Loi nº 49-956 du 16 juillet 1949
sur les publications destinées à la jeunesse.

Les plus belles chansons du temps passé

HACHETTE
Jeunesse

Au fil des pages...

A la claire fontaine, *10*

Prom'nons-nous dans les bois, *12*

Allons en vendanges, *14*

Quand trois poules vont au champ, *16*

Une souris verte, *18*

Gentil coquelicot, *20*

Mon père avait 500 moutons, *22*

Dans la forêt lointaine, *24*

Le temps des cerises, *26*

File la laine, *28*

Au clair de la lune, *30*

Pêche, pomme, poire, *32*

Les Marins de Groix, *34*

Ah ! vous dirai-je, maman, *36*

L'alouette est sur la branche, *38*

Frère Jacques, *40*

Mon ami me délaisse, *42*

Bonjour, ma cousine, *44*

Bon voyage, monsieur. Dumollet, *46*

Passe, passera, *48*

Mon père m'a donné un étang, *50*

Une poule sur un mur, *52*

Cadet Rousselle, *54*

Sur l'pont du Nord, *56*

C'était sur la tourelle, *58*

Alouette, gentille alouette, *60*

Ah ! dis-moi donc bergère, *62*

A la volette, *64*

Encore un carreau, *66*

Giroflé, girofla, *68*

Ne pleure pas, Jeannette, *70*

Petit Papa, *72*

Aux marches du palais, *74*

Au feu, les pompiers, *76*

La bonne aventure ô gué, *78*

Le carillonneur, *80*

Chère Élise, *82*

Entre les deux, *84*

Entre le bœuf et l'âne gris, *86*

Le grand cerf, *88*

La marche des Rois Mages, *90*

J'ai perdu le do de ma clarinette, *92*

Compère Guilleri, *94*

Ils étaient trois garçons, *96*

Dansons la capucine, *98*

Le vieux chalet, *100*

Maman, les p'tits bateaux, *102*

Bonjour, Guillaume, *104*

Un, deux, trois, *106*

Mon âne, mon âne, *108*

Sur le pont d'Avignon, *110*

Y'a une pie, *112*

Dame Tartine, *114*

Voici le mois de mai, *117*

Un Petit bonhomme, *120*

Il était une Bergère, *122*

Le Roi a fait battre un tambour, *125*

Le mouton, *128*

Malbrough, *130*

Il pleut, il pleut, bergère !, *133*

Un petit cochon pendu au plafond, *136*

Ballade à la lune, *138*

La tour, prends garde !, *141*

Savez-vous planter les choux, *144*

Il est né le divin enfant, *146*

Les anges dans nos campagnes, *149*

J'aime la galette, *152*

En passant par la Lorraine, *154*

Ah ! mon beau château, *157*

Si tu veux faire mon bonheur, *160*

Ah ! tu sortiras, Biquette, *162*

Arlequin dans sa boutique, *165*

Il court, il court, le furet, *168*

La Marguerite, *170*

Dors, min p'tit quinquin, *173*

Fais dodo, Colas, *176*

Biron, *178*

Le 31 du mois d'août, *181*

En passant près d'un petit bois, *184*

La mère Michel, *186*

Derrière chez mon père, *189*

Compère, qu'as-tu vu ?, *192*

Auprès de ma blonde, *194*

La boulangère a des écus, *197*

La barbichette, *200*

Il était un petit homme, *202*

La Paimpolaise, *205*

Le fermier dans son pré, *208*

Il était un petit navire, *210*

Le chevalier du guet, *213*

Gugusse, *216*

Mon père m'a donné un mari, *218*

Ils étaient trois petits enfants, *221*

La Carmagnole, *224*

Le pastouriau, *226*

Joli tambour, *229*

La mist'en laire, *232*

Nous n'irons plus au bois, *234*

Il était un petit homme, Pirouette, *237*

Polichinelle, *240*

Le bon roi Dagobert, *242*

Jeanneton prend sa faucille, *245*

Il était un p'tit cordonnier, *248*

Il était une fois, *250*

Ainsi font, font, font, *252*

Derrière chez moi, *254*

Am stram gram, *256*

Do, do, l'enfant do, *258*

Se canto que canto, *260*

Une araignée sur le plancher, *262*

A la pêche aux moules, *264*

C'est demain dimanche, *266*

L'empereur et le p'tit Prince, *268*

Gouttelettes de pluie, *270*

Meunier, tu dors, *272*

D'où-venez-vous, Perrine ?, *274*

Margoton va-t-à l'iau, *276*

J'ai du bon tabac, *278*

Le Palais Royal, *280*

La pibole, *282*

Sur la route de Louviers, *284*

Vent frais, *286*

Marie, trempe ton pain, *288*

Ah, les crocodiles, *290*

C'est la cloche du vieux manoir, *292*

A Saint-Malo, *294*

Le petit matelot, *296*

Mon beau sapin, *298*

Un éléphant, *300*

Allongeons la jambe, *302*

Jean de la lune, *304*

Le carillon de Vendôme, *306*

Dans les prisons de Nantes, *308*

Jean Petit qui danse, *310*

Pomme de reinette et pomme d'Api, *312*

Vl'a l'bon vent, *314*

A la claire fontaine

Cette ronde célèbre est très répandue, jusqu'au Canada (où elle a fait office de chant national français parmi les Patriotes de la révolte de 1837 contre l'hégémonie anglaise). Au début du XVIIIᵉ siècle, on chantait cette ronde sur un autre air, un air de trompette que la tradition orale a conservé au Canada, en Lorraine et Poitou.

A la clai - re fon - tai - ne M'en al - lant pro - me ner,

J'ai trou - vé l'eau si bel - le Que je m'y suis bai - gnée.

Il y'a long - temps que je t'ai - me, Ja - mais je ne t'ou - blie - rai !

A la claire fontaine
M'en allant promener,
J'ai trouvé l'eau si belle
Que je m'y suis baignée.

Refrain
Il y a longtemps que je t'aime,
Jamais je ne t'oublierai !

Sous les feuilles d'un chêne
Je me suis fait sécher,
Sur la plus haute branche
Le rossignol chantait.

Chante, rossignol, chante,
Toi qui as le cœur gai,
Tu as le cœur à rire…
Moi je l'ai à pleurer !

J'ai perdu mon ami,
Sans l'avoir mérité,
Pour un bouquet de roses
Que je lui refusai.

Je voudrais que la rose
Fût encore au rosier,
Et que mon doux ami
Fût encore à m'aimer.

Prom'nons-nous dans les bois

Cette chanson, composée vers le XVIIᵉ siècle, accompagne un jeu dans lequel une fillette se cache et fait le loup, une autre fait la biche, suivie par le reste de la troupe se tenant à sa robe. Le loup sort de sa cachette et cherche à attraper la fillette qui est à la queue de la biche. Cette dernière fait de son mieux pour l'en empêcher. Quand toutes les fillettes sont capturées, le jeu est fini.

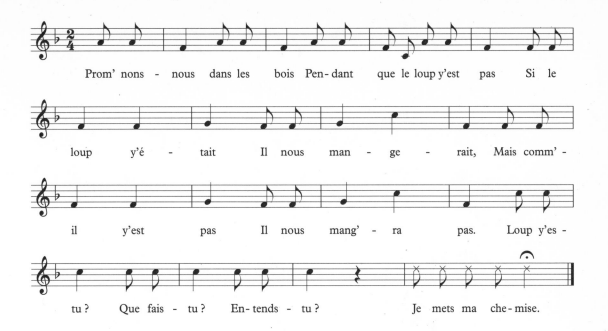

Prom' nons - nous dans les bois Pen- dant que le loup y'est pas Si le
loup y'é - tait Il nous man - ge - rait, Mais comm'-
il y'est pas Il nous mang' - ra pas. Loup y'es-
tu ? Que fais - tu ? En- tends - tu ? Je mets ma che - mise.

Prom'nons-nous dans les bois
Pendant que le loup y'est pas
Si le loup y'était
Il nous mangerait,
Mais comm'il y'est pas
Il nous mang'ra pas.
Loup, y'es-tu ?
Que fais-tu ?
Entends-tu ?

Le loup
— Je mets ma chemise.

Tous
— Prom'nons-nous dans les bois
Pendant que le loup y'est pas
Si le loup y'était
Il nous mangerait...

Le loup
— Je mets ma culotte !

Tous
— Prom'nons-nous dans les bois
Pendant que le loup y'est pas
Si le loup y'était
Il nous mangerait...

Le loup
— Je mets ma veste !
— Je mets mes chaussettes !
— Je mets mes bottes !
— Je mets mon chapeau !
— Je mets mes lunettes ! etc.
— Je prends mon fusil ! J'arrive.

Tous
— Sauvons-nous !

Allons en vendanges

Cette chanson de Franche-Comté date du XIXe siècle, et donnait du cœur à l'ouvrage aux vignerons de l'époque.

Sur la rou - te de Châ - til - lon Et al - lons en ven-dan - ges, S'enre-ve -

-naient trois fiers lu - rons. Grap-pil-le fau - cil-le, Tor-til-le bro - quil-le, Mar-chand de che-

-vil-le, S'mo-quant d'la fa - mil-le, Em-bras-sant la   fille, La bell'mère et le   vieux,

Par   derrièr'la mai-son,   Et   al - lons en   ven - dan - ges Les rai - sins sont   bons.

Sur la route de Châtillon
Et allons en vendanges
S'en revenaient trois fiers lurons.

Refrain
Grappille faucille,
Tortille broquille,
Marchand de cheville,
S'moquant d'la famille,
Embrassant la fille,
La bell'mère et le vieux,
Par-derrièr' la maison,
Et allons en vendanges
Les raisins sont bons.

S'en revenaient trois fiers lurons
Et allons en vendanges
Ont rencontré la Margotton.

Ont rencontré la Margotton
Et allons en vendanges
Le premier lui prit le menton.

Le premier lui prit le menton
Et allons en vendanges
La taille lui prit le second.

La taille lui prit le second
Et allons en vendanges
Et le troisième sans façon.

Et le troisième sans façon
Et allons en vendanges
A embrassé la Margotton.

...A EMBRASSE
LA MARGOTTON

Quand trois poules vont au champ

L'air est le même que celui de Ah vous dirai-je maman ! *Cette chanson populaire française devenue comptine comporte des variantes : au lieu de poules, on peut avoir des vaches, des canes, etc.*

Quand trois poules vont au champ
La première va devant,
La seconde suit la première,
La troisième vient la dernière.
Quand trois poules vont au champ
La première va devant.

Une souris verte

Cette chanson est connue dans trente-huit régions de France sous différentes versions mais se chante aussi en Tunisie, en Haïti, en Suisse romande, et à Bruxelles. Bien souvent une formule terminale passe-partout clôt la formulette après le 4e vers. En voici une du Languedoc : « Colinon, colinette / Tes souliers ont des lunettes. »

Une souris verte
Qui courait dans l'herbe,
Je l'attrape par la queue,
Je la montre à ces messieurs.
Ces messieurs me disent :
Trempez-la dans l'huile,
Trempez-la dans l'eau,
Ça fera un escargot
Tout chaud.
Je la mets dans un tiroir,
Ell'me dit : Il fait trop noir,
Je la mets dans mon chapeau,
Ell' me dit : Il fait trop chaud.

Gentil coquelicot

Cette chanson originaire de Touraine date du règne de Louis XV. Le nom des fleurs varie en fonction des différentes versions de cette chanson : violette, giroflée, lavande… et dans de nombreuses versions ce n'est pas le rossignol qui vient mais l'amoureux lui-même.

Je descendis dans mon jardin *(bis)*
Pour y cueillir du romarin.
Gentil coqu'licot, Mesdames,
Gentil coqu'licot nouveau.

Pour y cueillir du romarin *(bis)*
Je n'en avais pas cueilli trois brins,
Gentil coqu'licot, Mesdames,
Gentil coqu'licot nouveau.

Je n'en avais pas cueilli trois brins *(bis)*
Qu'un rossignol vint sur ma main.
Gentil coqu'licot, Mesdames,
Gentil coqu'licot nouveau.

Qu'un rossignol vint sur ma main *(bis)*
Il me dit trois mots en latin :
Gentil coqu'licot, Mesdames,
Gentil coqu'licot nouveau.

Il me dit trois mots en latin *(bis)*
Que les hommes ne valent rien.
Gentil coqu'licot, Mesdames,
Gentil coqu'licot nouveau.

Que les hommes ne valent rien *(bis)*
Et les garçons encore bien moins.
Gentil coqu'licot, Mesdames,
Gentil coqu'licot nouveau.

Et les garçons encore bien moins *(bis)*
Des dames il ne me dit rien.
Gentil coqu'licot, Mesdames,
Gentil coqu'licot nouveau.

Des dames il ne me dit rien
Mais des d'moiselles beaucoup de bien.
Gentil coqu'licot, Mesdames,
Gentil coqu'licot nouveau.

Mon père avait cinq cents moutons

Ce chant nous vient de la Basse-Marche, ancienne province de France séparant le Berry (au nord) du Limousin (au sud). Dans son caractère et son expression, ce chant paysan cueilli dans les campagnes est tout à fait limousin.

Mon père a - vait cinq cents mou - tons Dont j'é - tais la ber -

FIN

-gè - re, Dont j'é - tais la ber - gè - re, Don- dai - ne, don -

-don, Dont j'é - tais la ber - gè - re, Don ____ .

Mon père avait cinq cents moutons
Dont j'étais la bergère,
Dont j'étais la bergère,
Dondaine, dondon,
Dont j'étais la bergère,
Don,
Dont j'étais la bergère.

La première fois que je les mène
    aux champs,
Le loup m'en a pris quinze,
Le loup m'en a pris quinze,
Dondaine, dondon,
Le loup m'en a pris quinze,
Don,
Le loup m'en a pris quinze.

Le fils du roi vint à passer,
M'a rendu ma quinzaine.

— La Belle, que m'y donnerez-vous,
Oh ! pour ma récompense ?

— Quand je tondrai mes blancs
    moutons,
Je vous donnerai la laine.

— De la laine, je n'en veux point,
Je veux ton cœur volage.

— Mon cœur volage n'est point
    pour vous,
Il est en mariage.

Dans la forêt lointaine

Ce canon à trois voix se chante ainsi : la première voix entonne les vers 1 et 2, la deuxième voix les vers 3 et 4, et la troisième voix chante les vers 5 et 6.

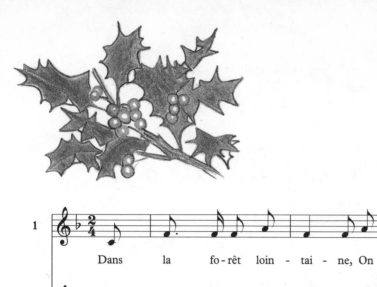

1   Dans   la   fo - rêt loin - tai - ne, On   en - tend le cou - cou.

2   Du   haut   de son grand chê - ne Il   ré - pond au hi - bou :

3   Cou - cou,   cou - cou,   On   en - tend le cou - cou.

Dans la forêt lointaine,
On entend le coucou.
Du haut de son grand chêne
Il répond au hibou :
Coucou, coucou,
On entend le coucou.

Le temps des cerises

J.-B. Clément écrivit les paroles en 1866, et Antoine Renard, ancien chanteur de l'Opéra de Paris, en composa la musique. Clément, qui était très pauvre, céda sa chanson à son ami Renard en échange d'une pelisse, un jour de grand froid. C'est en rentrant de Londres, où il s'était exilé plus de dix ans, à la suite de l'écrasement de la Commune par les Versaillais, qu'il constata le succès populaire de sa chanson.

Quand nous chanterons le temps des cerises Et gai ros-si-
Quand nous chanterons le temps des cerises Sif-fle-ra bien

-gnol, et mer-le mo-queur Se-ront tous en fê - te, Les bel-les au-

-ront la fo-lie en tê-te Et les a-mou-reux, du so-leil au cœur

. Mieux le mer-le mo-queur !

Quand nous chanterons le temps des
    cerises
Et gai rossignol, et merle moqueur
Seront tous en fête,
Les belles auront la folie en tête
Et les amoureux, du soleil au cœur.

Mais il est bien court le temps des
    cerises
Où l'on s'en va deux cueillir en rêvant
Des pendants d'oreilles
Cerises d'amour aux robes pareilles
Tombant sous la feuille en gouttes de
    sang
Mais il est bien court le temps des
    cerises
Pendant de corail qu'on cueille en
    rêvant.

Quand vous en serez au temps des
    cerises
Si vous avez peur des chagrins d'amour
Evitez les belles !
Moi qui ne crains pas les peines cruelles
Je ne vivrai point sans souffrir un jour
Quand vous en serez au temps des
    cerises
Vous aurez aussi des peines d'amour !

J'aimerai toujours le temps des cerises
C'est de ce temps-là que je garde au
    cœur
Une plaie ouverte
Et Dame Fortune en m'étant offerte
Ne pourra jamais fermer ma douleur
J'aimerai toujours le temps des cerises
Et le souvenir que je garde au cœur.

File la laine

Cette chanson dont les paroles et la musique sont de Robert Mary date de 1949. Ses tournures archaïques, les images qu'elle évoque et son refrain à trois temps la classent plutôt dans le folklore que dans la chanson contemporaine.

Dans la chan-son de nos pè-res, Mon-sieur de Mal-brough est mort. Si c'é-

-tait un pau-vre hè-re On n'en di-sait rien en-cor'. Mais la dame à sa fe-nê-tre Pleu-rant
Dans mille ans, deux mil' peut-ê-tre

sur son tris-te sort, Se dé-so-le-ra en-cor'. Fi le la

lai - ne, Fi - le les jours. Gar - de mes pei - nes

Et mon a - mour. Li - vre d'i - ma - ges, Des rê - ves lourds.

Ou - vre la page À l'é - ter - nel re - tour

Dans la chanson de nos pères,
Monsieur de Malbrough est mort.
Si c'était un pauvre hère
On n'en disait rien encor'.
Mais la dame à sa fenêtre
Pleurant sur son triste sort,
Dans mille ans, deux mil' peut-être
Se désolera encor'.

Refrain
File la laine,
File les jours.
Garde mes peines
Et mon amour.
Livre d'images,
Des rêves lourds.
Ouvre la page
A l'éternel retour.

Hénins aux rubans de soie,
Chanson bleue des troubadours.
Regret des festins de joie
Ou fleur du joli tambour.
Dans la grande cheminée,
S'éteint le feu du bonheur,
Car la dame abandonnée
Ne retrouvera son cœur.

Croisés des grandes batailles,
Sachez vos lances manier.
Ajustez cottes de mailles,
Armures et boucliers.
Si l'ennemi vous assaille,
Gardez-vous de trépasser.
Car derrière vos murailles,
On attend sans se lasser.

Au clair
de la lune

On attribue généralement la musique de cette chanson au célèbre Lully. L'air, qui est celui d'une contredanse, a connu des variations par Boieldieu, Hérold et Habeneck. La chanson est à la mode à Paris vers 1870. Comme Arlequin, Pierrot est un personnage du répertoire de la commedia dell'arte.

Au clair de la lu - ne, Mon a - mi Pier - rot, Prê - te - moi ta plu - me Pour é - crire un mot ; Ma chan - delle est mor - te, Je n'ai plus de feu, Ou - vre - moi ta por - te Pour l'a - mour de Dieu.

Au clair de la lune,
Mon ami Pierrot,
Prête-moi ta plume
Pour écrire un mot ;
Ma chandelle est morte,
Je n'ai plus de feu,
Ouvre-moi ta porte
Pour l'amour de Dieu.

Au clair de la lune,
Pierrot répondit :
— Je n'ai pas de plume,
Je suis dans mon lit.
Va chez la voisine,
Je crois qu'elle y est,
Car dans sa cuisine,
On bat le briquet.

Au clair de la lune,
s'en fut Arlequin
Frapper chez la brune ;
Ell' répond soudain :
— Qui frapp' de la sorte ?
Il dit à son tour :
— Ouvrez votre porte,
pour le dieu d'amour !

Au clair de la lune
On n'y voit qu'un peu.
On chercha la plume,
On chercha du feu.
En cherchant d'la sorte,
Je n'sais c'qu'on trouva ;
Mais je sais qu'la porte
Sur eux se ferma.

Pêche, pomme, poire

Cette chanson qui semble originaire du Dauphiné connaît des versions dans bien des régions de France et aussi à l'île de la Réunion, en Algérie et en Wallonie.

Pêche, pomme, poire, a-bri-cot, Y'en a u-ne, y'en a u-ne,

Pêche, pomme, poire, a-bri-cot, Y'en a une qui est en

trop. C'est l'a-bri-cot Qui est en trop.

Pêche, pomme, poire, abricot,
Y'en a une, y'en a une,
Pêche, pomme, poire, abricot,
Y'en a une qui est en trop.
C'est l'abricot
Qui est en trop.

Les marins de Groix

Les chansons de Bretagne content surtout des histoires de pêcheurs et de marins. L'air de celle-ci a inspiré un compositeur célèbre puisqu'il forme le thème principal du second mouvement, intitulé Bretagne, *de la Suite française de Darius Milhaud.*

Nous é - tions deux nous é - tions trois, Ah _____ ! Nous

é - tions trois ma - rins de Groix Ah _____ ! Il

ven _____ te, il ven _____ te, C'est le

vent de la mer qui nous _____ tour - men _____ te.

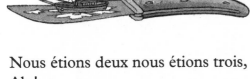

Nous étions deux nous étions trois,
Ah !
Nous étions trois marins de Groix
Ah !

Refrain
Il vente, il vente,
C'est le vent de la mer
qui nous tourmente.

Mon matelot, le mousse et moi
Embarqués sur le *Saint-François*.

Vint à souffler vent de noroît
A faire céder notre mât.

Jean-Pierre, dis-je, matelot
Serrer d'la toile qu'il nous faut.

Il est allé pour prendre un ris
Un coup de mer l'aura surpris.

Au jour j'ai revu son sabot
Il flottait seul là-bas sur l'eau.

Il n'a laissé sur not' bateau
Qu'un vieux béret et son couteau.

Plaignez d'mon pauvre matelot
La femme avec ses trois petiots.

Ah ! vous dirai-je, maman

Cette chanson apparaît dans les recueils enfantins vers la fin du XIXᵉ siècle, lorsqu'est instituée l'école obligatoire. C'est la parodie pudique d'une romance du XVIIIᵉ siècle, dont on attribue les paroles au poète Florian. L'air faisait partie du répertoire traditionnel des clavecinistes du XVIIIᵉ siècle. Mozart le popularisa en composant pour piano des variations sur ce thème.

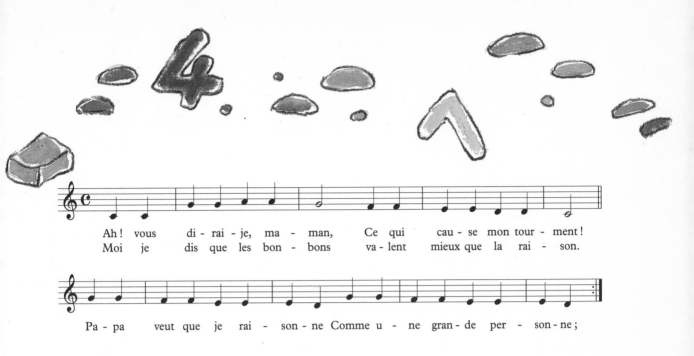

Ah ! vous di - rai - je, ma - man, Ce qui cau - se mon tour - ment !
Moi je dis que les bon - bons va - lent mieux que la rai - son.

Pa - pa veut que je rai - son - ne Comme u - ne gran - de per - son - ne ;

Ah ! vous dirai-je, maman,
Ce qui cause mon tourment !
Papa veut que je raisonne
Comme une grande personne ;
Moi je dis que les bonbons
Valent mieux que la raison.

L'alouette est sur la branche

L'a -lou-ette est sur la bran - che Faites un pe - tit saut, l'a-lou-

-et-te, l'a-lou - et - te, Faites un pe-tit saut, l'a - lou-et - te comme il faut.

L'alouette est sur la branche. *(bis)*

Refrain
Faites un petit saut,
L'alouette, l'alouette,
Faites un petit saut,
L'alouette comme il faut.

Mettez vos bras en liance. *(bis)*

Faites-nous trois pas de danse. *(bis)*

Faites-nous la révérence. *(bis)*

Frère Jacques

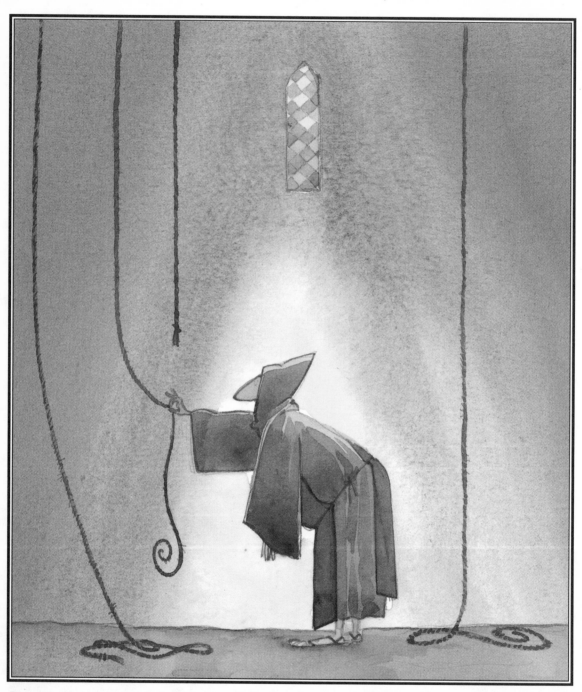

La mélodie a été composée au XVIIᵉ siècle. La chanson se moque gentiment de la paresse des moines (et particulièrement des Jacobins, à travers le moine « Jacques ») car pour sonner les matines, qui se chantent entre minuit et le lever du soleil, il fallait en effet se lever fort tôt. Or les Jacobins passaient pour de bons vivants, peu enclins à se lever le matin. Très vite, jacobin devint synonyme de douillet, confortable…

Frè - re   Jac - ques   Frè - re   Jac - ques   Dor - mez - vous ?

Dor - mez - vous ?   Son - nez les ma - ti - nes   Son - nez les ma -

-ti - nes   Dig   ding   dong   Dig   ding   dong.

Frère Jacques *(bis)*
Dormez-vous ? *(bis)*
Sonnez les matines *(bis)*
Dig ding dong ! *(bis)*

Mon ami me délaisse

Cette chanson folklorique bien connue nous vient du Bas-Poitou.

Mon a - mi me dé - lais - se, O gai, vi - ve la ro - se,

Je ne sais pas pour - quoi Vi - ve la rose et le li - las.

- quoi Vi - ve la rose et le li - las.

Mon ami me délaisse,
O gai, vive la rose,
Je ne sais pas pourquoi
Vive la rose et le lilas.

Il va t'en voir une autre
Qui est plus riche que moi.

On dit qu'elle est très belle
Je ne le nierai pas.

On dit qu'elle est malade
Peut-être elle en mourra.

Si elle meurt dimanche
Lundi on l'enterrera.

Mardi, il r'viendra m'voir
Mais je n'en voudrai pas.

Bonjour, ma cousine

Les garçons font face aux filles. Chaque couple ainsi formé se salue en s'inclinant une fois à droite et une fois à gauche (vers 1 et 2). Puis les partenaires se désignent de l'index en faisant mine de s'étonner, puis de se réprimander (vers 3 et 4). Enfin, chaque couple danse en rond, bras dessus, bras dessous (à droite et à gauche) lors des vers 5 et 6. Pour finir, le couple de tête passe sous les bras levés des autres enfants, pour aller prendre sa place en fin de rang.

Bon - jour, ma cou - si ― ne. Bon - jour, mon cou - -sin ger - main ; On m'a dit que vous m'ai - miez, Est - ce bien la vé - ri - té ? Je n'm'en sou - cie guè ― re Je n'm'en sou - cie guè ― re Pas - sez par i - ci et moi par là, Au r'voir, ma cou - sine, et puis voi - là !

— Bonjour, ma cousine.
— Bonjour, mon cousin germain ;
On m'a dit que vous m'aimiez,
Est-ce bien la vérité ?
— Je n'm'en soucie guère *(bis)*
Passez par ici et moi par là,
Au r'voir, ma cousine, et puis voilà !

45

Bon voyage, monsieur Dumollet

Cette chanson formait la fin d'un vaudeville d'Antoine Désaugiers, intitulé Le Départ pour Saint-Malo, *dont on ne chante plus guère que la deuxième strophe et le refrain d'entrée.*

Bon voy - age, Mon - sieur Du - mol - let, A Saint - Ma -
Bon voy - age, Mon - sieur Du - mol - let, Et re - ve -

-lo dé - bar - quez sans nau - fra - ge ! Mais si vous al - lez voir la ca - pi -
-nez si le pa - ys vous plaît.

-ta - le, Mé - fi - ez - vous des vo - leurs, des a - mis. Des bil - lets

doux, des coups, de la ca - ba - le, Des pis - to - lets et des tor - ti - co - lis.

Refrain

Bon voyage, Monsieur Dumollet,
A Saint-Malo débarquez sans naufrage !
Bon voyage, Monsieur Dumollet,
Et revenez si le pays vous plaît.

Mais si vous allez voir la capitale,
Méfiez-vous des voleurs, des amis,
Des billets doux, des coups,
De la cabale,
Des pistolets et des torticolis.

Là vous verrez, les deux mains dans
    les poches,
Aller, venir des sages et des fous,
Des gens bien faits, des tordus,
    des bancroches.
Nul ne sera jambé si bien que vous.
Bon voyage, etc.

Des polissons vous feront bien
    des niches ;
A votre nez riront bien des valets ;
Craignez surtout les barbets,
    les caniches,
Car ils voudront caresser vos mollets.
Bon voyage, etc.

L'air de la mer peut vous être contraire ;
Pour vos bas bleus les flots sont
    un écueil ;
Si ce séjour, enfin, sait vous déplaire,
Revenez-nous avec bon pied, bon œil !
Bon voyage, etc.

Passe, passera

Passe, passe, pas-se — ra, La der-niè-re, la der-niè — re,

Passe, passe, pas-se — ra, La der - niè-re res - te - ra. Qu'est-ce qu'elle

a donc fait La p'tite hi - ron - delle ? Elle nous a vo -

-lé Trois p'tits grains de blé. Nous l'at-tra - pe - rons, La p'tite

hi - ron - delle, Nous lui don - ne - rons Trois p'tits coups d'bâ - ton.

Passe, passe, passera,
La dernière, la dernière,
Passe, passe, passera,
La dernière restera.
Qu'est-ce qu'elle a donc fait
La p'tite hirondelle ?
Elle nous a volé
Trois p'tits grains de blé.
Nous l'attraperons,
La p'tite hirondelle,
Nous lui donnerons
Trois p'tits coups d'bâton.

Mon père
m'a donné un étang

Mon père m'a donné un étang *(bis)*
Il n'est pas large comme il est grand.

Refrain
Moi, j'me f'rai faire
Un petit moulin sur la rivière
Et puis encore
Un p'tit bateau pour passer l'eau.

Il n'est pas large comme il est grand,
Trois beaux canards s'en vont nageant.

Le fils du roi s'en va chassant.

Avec son beau fusil d'argent.

Visa le noir, tua le blanc.

O fils du roi, tu es méchant.

Tu as tué mon canard blanc.

Toutes ses plumes volent au vent.

Trois dames s'en vont les ramassant.

Pour en faire des duvets blancs.

Une poule sur un mur

Comme une mélodie peut être commune à plusieurs comptines, le même texte peut se chanter sur plusieurs timbres. Cet air est aussi celui de Ma Grand'Mère est enfermée :
« Ma grand'mèr est enfermée | dans une boîte de chicorée | Quand la boîte s'ouvrira | Ma grand'mère en sortira. »

U - ne pou - le sur un mur Qui pi - co - te du pain

dur Pi - co - ti, pi - co - ta, Lèv' la queue et puis s'en va.

Une poule sur un mur
Qui picote du pain dur
Picoti, picota,
Lèv' la queue et puis s'en va.

Cadet Rousselle

Cadet Roussel est mal loti, c'est un cadet, un bidasse. Et qui plus est, « roussel », c'est-à-dire roux. C'est d'eux-mêmes que se moquent les soldats de la Révolution, avec ce sobriquet. Ils n'ont fait que reprendre les paroles d'une vieille chanson consacrée à Jean de Nivelle, qui prit les armes contre Louis XI. Son père, qui était fidèle au roi, le déshérita et Jean de Nivelle fut poursuivi par l'imagination populaire : l'histoire devint chanson.

Ca - det Rous - selle a trois mai - sons ; Ca - det Rous - selle a trois mai -

sons ; Qui n'ont ni pou - tre ni che - vrons ; Qui n'ont ni pou - tre ni che -

vrons ; C'est pour lo - ger les hi - ron - del - les, Que di - rez - vous d'Ca - det Rous -

D.C.

sel - le. Ah ! ah ! ah ! oui vrai - ment, Ca - det Rous - sell' est bon en - fant.

Cadet Rousselle a trois maisons *(bis)*
Qui n'ont ni poutre ni chevrons ; *(bis)*
C'est pour loger les hirondelles,
Que direz-vous d'Cadet Rousselle.
Ah ! ah ! ah ! oui vraiment,
Cadet Rousselle est bon enfant.

Cadet Rousselle a trois habits *(bis)*
Deux jaunes, l'autre en papier gris ; *(bis)*
Il met celui-là quand il gèle,
Ou quand il pleut, ou quand il grêle.
Ah ! ah ! ah ! oui vraiment,
Cadet Rousselle est bon enfant.

Cadet Rousselle a trois gros chiens
L'un court au lièvr', l'autre au lapin ; *(bis)*
L'troisièm' s'enfuit quand on l'appelle,
Comm'le chien de Jean de Nivelle.
Ah ! ah ! ah ! oui vraiment,
Cadet Rousselle est bon enfant.

Cadet Rousselle ne mourra pas, *(bis)*
Car avant de sauter le pas, *(bis)*
On dit qu'il apprend l'orthographe,
Pour fair' lui-mêm' son épitaphe.
Ah ! ah ! ah ! oui vraiment,
Cadet Rousselle est bon enfant.

Sur l'pont du Nord

Les bals populaires se tenaient souvent sur le pont de la ville. Cette très ancienne chanson, sans doute d'origine bretonne, est connue dans toute la France, chaque région ayant adapté le premier vers qui devient en Champagne « Sur le pont de Londres » et dans le pays Messin « Sur le pont des Morts ». En Suisse, la fin est adoucie par ce vers : « Ce fut Marie qui vint pour les sauver. »

Sur l'pont du Nord un bal y est don - né Sur l'pont du Nord un bal y est don - né A- dèle de - mand' à sa mèr' d'y al - ler. A- dèle de - mand' à sa mèr' d'y al - ler.

Sur l'pont du Nord un bal y est
   donné. *(bis)*
Adèle demand' à sa mèr' d'y
   aller. *(bis)*

« Non, non, ma fill', tu n'iras pas
   danser. » *(bis)*
Monte à sa chambre et se met
   à pleurer. *(bis)*

Son frère arriv' dans un bateau
   doré. *(bis)*
« Ma sœur, ma sœur, qu'as-tu donc
   à pleurer ? *(bis)*

— Maman n'veut pas que j'aille au bal
   danser. *(bis)*
— Mets ta rob' blanche et ta ceintur'
   dorée. » *(bis)*

Le pont s'écroule et les voilà
   noyés. *(bis)*
Voilà le sort des enfants
   obstinés. *(bis)*

C'était
sur la tourelle

Cette chanson dont le titre original est : Der gute Kamerad *(Le bon camarade) nous vient d'Allemagne. Elle est l'œuvre du poète allemand Ludwig Uhland et du compositeur Friedrich Silcher.*

C'é - tait sur la tou - rel - le D'un vieux clo - cher bru — ni U - ne

jeune hi - ron - del — le Le cœur en - core bien frê — le É -

-tait au bord du — nid. É - tait au bord du — nid.

C'était sur la tourelle
D'un vieux clocher bruni
Une jeune hirondelle
Le cœur encore bien frêle
Etait au bord du nid. *(bis)*

« Courage, dit sa mère
Ouvre ton aile au vent
Ouvre-la tout entière
Dans l'air et la lumière
Et t'élance en avant. » *(bis)*

Mais l'hirondelle hésite
Et dit : « C'est bien profond
Mon aile est trop petite
Mon cœur bat bien trop vite
Je m'en vais choir au fond.» *(bis)*

L'hirondelle légère
Ouvre son aile au vent
L'ouvre bien tout entière
Dans l'air et la lumière
Et s'élance en avant. *(bis)*

Sa mère est avec elle
De tout son cœur chantait
Sa chanson d'hirondelle
Qui monte claire et belle
Au Dieu qui la portait. *(bis)*

Je suis comm'l'hirondelle
Je vais vers l'avenir
La vie me sera belle
Adieu soyez fidèles
Gardez mon souvenir. *(bis)*

Alouette, gentille alouette

Cette chanson, dont l'origine exacte demeure inconnue, est très populaire au Québec et chez les Français d'Amérique. Au milieu du XIXe siècle, on la trouve dans de nombreuses régions de France avec une variante fréquente dans laquelle le merle remplace l'alouette, qui est, en France, un des oiseaux les plus populaires avec le pinson et le rossignol.

Al - ou-et - te, gen-till' a-lou-et - te, A - lou-et - te,

FIN

je te plu-me-rai. Je te plu-me-rai la tête Je te plu-me-rai la tête

D.C.

Et la tête. Et la tête. A - lou-ette. A - lou-ette. Ah !

Refrain
Alouette, gentill' alouette,
Alouette, je te plumerai.

Je te plumerai la tête *(bis)*
Et la tête *(bis)*
Alouette *(bis)*
Ah !

Je te plumerai le bec *(bis)*
et le bec *(bis)*
Alouette *(bis)*
Ah !

Je te plumerai le cou… le ventre…
le dos… les ailes… la queue… les pattes.

*(A chaque couplet, on reprend
les couplets précédents.)*

Ah ! dis-moi donc, bergère

Cette chanson appartient à un genre très ancien, celui de la pastourelle, qui apparaît en pays d'Oc dès le XIIe siècle. Dans la pastourelle, un dialogue se noue entre un seigneur et une bergère, ou pastourelle. La bergère, moqueuse, a la repartie facile et spirituelle.

Ah dis - moi donc, ber - gè - re, À qui sont ces mou - tons ? Eh !

par ma foi, Mon - sieur, A ceux qui les gar - dions Et

tra la la dé - ri - dé - ra Et tra dé - ron - la !

Ah ! dis-moi donc, bergère,
A qui sont ces moutons ?
— Eh ! par ma foi, Monsieur,
A ceux qui les gardions.

Refrain
Et tral la la déridéra
Et tra déronla !

Ah ! dis-moi donc, bergère
Combien sont ces moutons ?
— Eh ! par ma foi, Monsieur,
Il faut que j'les comptions.

Ah ! dis-moi donc, bergère,
L'étang est-il profond ?
— Eh ! par ma foi, Monsieur,
Il descend jusqu'au fond.

Ah ! dis-moi donc, bergère,
Par où ce chemin va ?
_ Eh ! par ma foi, Monsieur,

Il ne boug'pas de là !
Ah ! dis-moi donc, bergère,
Le poisson est-il bon ?
— Eh ! par ma foi, Monsieur,
Pour ceux qui le mangions.

Ah ! dis-moi donc, bergère,
N'as-tu pas peur du loup ?
— Eh ! par ma foi, Monsieur,
Pas plus du loup que d'vous.

A la volette

L'air exact de A la volette *apparaît dans un chant de Noël en 1672 :* « *Voici la nouvelle que Jésus est né ; Que d'une pucelle, Il nous est, Tourlourirette, Il nous est, Tourlourirette, Il nous est donné.* »

Mon pe - tit oi - seau —— A pris sa vo - lée A pris sa A la vo-
-let - te A pris sa A la vo - let - te A pris sa vo - lée.

Mon petit oiseau
A pris sa volée   } (bis)
A pris sa
A la volette   } (bis)
A pris sa volée.

Est allé se mettre
Sur un oranger
Sur un or
A la volette
Sur un oranger.

La branche était sèche
Elle s'est cassée
Elle s'est
A la volette
Elle s'est cassée.

Mon petit oiseau
Où t'es-tu blessé ?
Où t'es-tu
A la volette
Où t'es-tu blessé ?

Me suis cassé l'aile
Et tordu le pied
Et tordu
A la volette
Et tordu le pied.

Mon petit oiseau
Veux-tu te soigner ?
Veux-tu te
A la volette
Veux-tu te soigner ?

Je veux me soigner
Et me marier
Et me ma
A la volette
Et me marier.

Me marier bien vite
Sur un oranger
Sur un or
A la volette
Sur un oranger.

Encore un carreau

En — core un car - reau d'cas - sé, V'là l'vi-tri-er qui pas — se.

En — core un car - reau d'cas- sé, V'là l'vi-tri-er pas - sé.

Encore un carreau d'cassé,
V'là l'vitrier qui passe.
Encore un carreau d'cassé,
V'là l'vitrier passé.

Giroflé, girofla

Cette chanson qui doit être chantée et mimée alternativement par deux groupes d'enfants est une ronde populaire très ancienne. Le nom de la chanson inspira le titre d'une opérette jouée en 1874, dans laquelle Giroflé et Girofla sont les deux filles jumelles d'un noble espagnol.

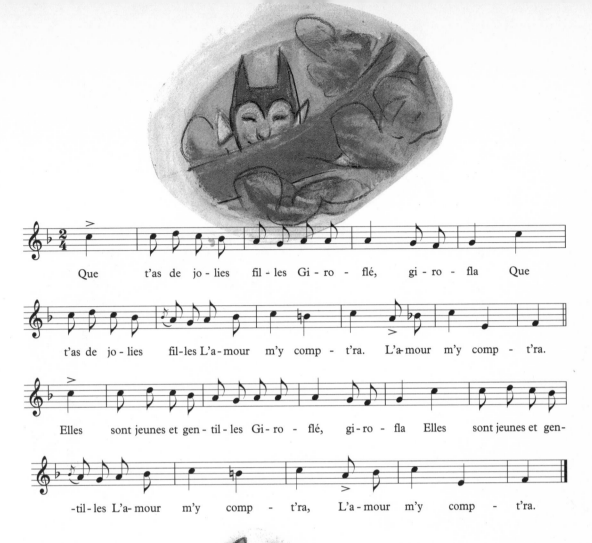

Que t'as de jo - lies fil - les Gi - ro - flé, gi - ro - fla Que t'as de jo - lies fil-les L'a-mour m'y comp - t'ra. L'a-mour m'y comp - t'ra. Elles sont jeunes et gen - til - les Gi - ro - flé, gi - ro - fla Elles sont jeunes et gen - -til - les L'a-mour m'y comp - t'ra, L'a-mour m'y comp - t'ra.

Que t'as de jolies filles,
Giroflé, Girofla
Que t'as de jolies filles,
L'amour m'y compt'ra. *(bis)*

— Elles sont jeunes et gentilles
Giroflé, Girofla
Elles sont jeunes et gentilles
L'amour m'y compt'ra. *(bis)*

J'irai au bois seulette
Giroflé, Girofla, etc.

Quoi faire au bois seulette ?
Giroflé, Girofla, etc.

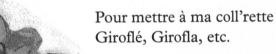

Cueillir la violette
Giroflé, Grofla, etc.

Quoi fair' de la violette ?
Giroflé, Girofla, etc.

Pour mettre à ma coll'rette
Giroflé, Girofla, etc.

Si le roi t'y rencontre ?
Giroflé, Girofla, etc.

J'lui f'rai trois révérences
Giroflé, Girofla, etc.

Si la rein' t'y rencontre ?
Giroflé, Girofla, etc.

J'lui f'rai trois révérences
Giroflé, Girofla, etc.

Si le diabl' t'y rencontre ?
Giroflé, Girofla, etc.

Je lui ferai les cornes
Giroflé, Girofla, etc.

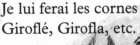

Ne pleure pas, Jeannette

Le thème de la jeune fille qui refuse un noble mariage par amour pour un prisonnier nourrit les chansons populaires dès le XIIe siècle. Avant d'exister sous sa forme actuelle, la chanson a connu plusieurs versions et inspira de grands musiciens comme Josquin des Prés ou, plus tard, Jacques Lefevre, compositeur de la Chambre de Louis XIII.

Ne pleure pas, Jeannette,
Tra la la la la la la la la la la la,
Ne pleure pas Jeannette,
Nous te marierons. *(bis)*

Avec le fils d'un prince,
Tra la la…
Avec le fils d'un prince,
Ou celui d'un baron. *(bis)*

Je ne veux pas d'un prince
Encor moins d'un baron.

Je veux mon ami Pierre
Celui qu'est en prison.

Tu n'auras pas ton Pierre
Nous le pendouillerons.

Si vous pendouillez Pierre
Pendouillez-moi avec.

Et l'on pendouilla Pierre
Et la Jeannette avec.

71

Petit papa

Cette chanson enfantine de la région de Metz fait partie d'un ouvrage de chansons populaires recueillies de 1901 à 1937 par un certain Docteur Westjhalen.

Pe - tit pa - pa, c'est au - jour-d'hui ta fê - te,

Ma - man m'a dit que tu n'é-tais pas là___. J'a - vais des

fleurs pour cou - ron - ner ta tê - te Et un bou - quet pour met -

-tre sur ton cœur___. Pe - tit pa - pa, pe - tit pa - pa.

Petit papa, c'est aujourd'hui ta fête,
Maman m'a dit que tu n'étais pas là.
J'avais des fleurs pour couronner ta tête
Et un bouquet pour mettre sur ton cœur.
Petit papa, petit papa.

Aux marches
du palais

Dans le recueil de chansons d'un certain Chardavoine, en 1615, intitulé Les plus belles chansons de danses de ce temps, *il en est une,* La Flamande, *qui conte une histoire similaire :* « Sur les marches du palais | Y'a une jolie Flamande. | Elle a tant d'amoureux | Qu'elle ne sait lequel prendre. »

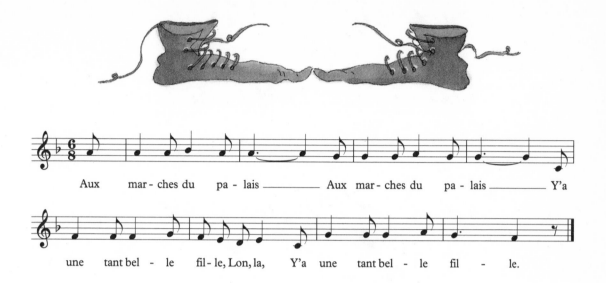

Aux mar - ches du pa - lais ___ Aux mar - ches du pa - lais ___ Y'a

une tant bel - le fil - le, Lon, la, Y'a une tant bel - le fil - le.

Aux marches du palais *(bis)*
Y'a une tant belle fille, lon, la,
Y'a une tant belle fille.

Elle a tant d'amoureux *(bis)*
Qu'ell'ne sait lequel prendre, lon, la
Qu'elle ne sait lequel prendre.

C'est un p'tit cordonnier
Qu'a eu la préférence...

Et c'est en la chaussant
Qu'il fit sa confidence...

« La bell' si tu voulais
Nous dormirions ensemble...

Dans un grand lit carré
Parfumé de lavande...

Aux quatre coins du lit
Un bouquet de pervenches...

Dans le mitant du lit
La rivière est profonde...

Tous les chevaux du roi
Pourraient y boire ensemble...

La bell' si tu voulais
Nous dormirions ensemble...

Et nous serions heureux
Jusqu'à la fin du monde. »

Au feu, les pompiers

Au   feu,   les   pom-piers,   V'là   la   maison qui   brû - le !
Au   feu,   les   pom-piers,   V'là   la   maison brû - - - - -

C'est   pas   moi   qui   l'ai   brû - lée,
-lée !   C'est   pas   moi   qui   l'ai   brû - lée,

C'est   la   can - ti - niè - re,
C'est   le   can - ti - - - - - - nier.

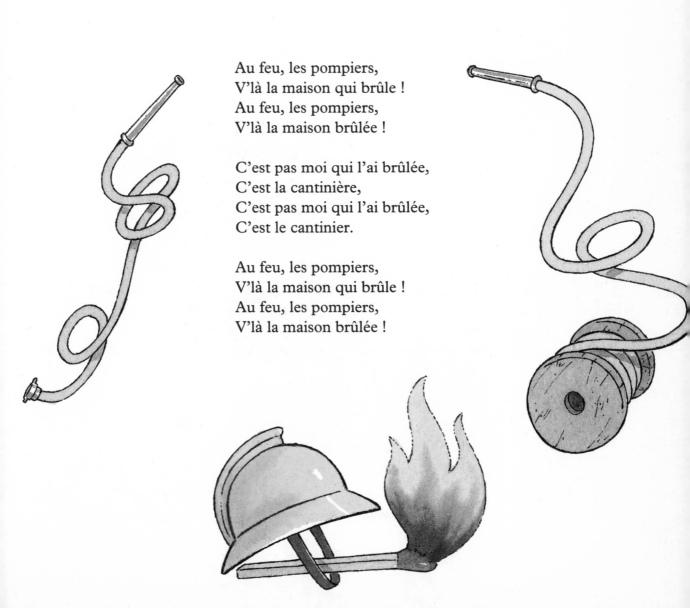

Au feu, les pompiers,
V'là la maison qui brûle !
Au feu, les pompiers,
V'là la maison brûlée !

C'est pas moi qui l'ai brûlée,
C'est la cantinière,
C'est pas moi qui l'ai brûlée,
C'est le cantinier.

Au feu, les pompiers,
V'là la maison qui brûle !
Au feu, les pompiers,
V'là la maison brûlée !

La bonne aventure
ô gué

Je suis un pe - tit pou - pon   De bon - ne fi - gu_____ re
Qui ai - me bien les bon - bons Et les con - fi - tu_____ res.

Si vous vou - lez m'en don - ner, Je sau - rai bien les man - ger.

La bonne a - ven - ture ô gué, La bonne a - ven - tu_____ re.

Je suis un petit poupon
De bonne figure
Qui aime bien les bonbons
Et les confitures.
Si vous voulez m'en donner,
Je saurai bien les manger.
La bonne aventure ô gué,
La bonne aventure.

Lorsque les petits garçons
Sont gentils et sages,
On leur donne des bonbons,
De belles images,
Mais quand ils se font gronder
C'est le fouet qu'il faut donner.
La triste aventure ô gué,
La triste aventure.

Je serai sage et bien bon
Pour plaire à ma mère,
Je saurai bien ma leçon
Pour plaire à mon père.
Je veux bien les contenter.
Et s'ils veulent m'embrasser,
La bonne aventure ô gué,
La bonne aventure.

Le carillonneur

Le carillon était à l'origine un ensemble de quatre cloches que l'on sonnait ensemble sur un rythme mélodieux. Cette chanson se chante en canon.

Mau - dit sois - tu, ca - ril - lon - neur, Toi qui na -

-quis pour mon mal - heur ! Dès le point du jour à la

cloche il s'ac - croche Et le soir en - cor' ca - ril - lon - ne plus

fort. Quand son - ne - ra - t-on la mort du son - neur.

Maudit sois-tu, carillonneur,
Toi qui naquis pour mon malheur !
Dès le point du jour à la cloche il s'accroche
Et le soir encor' carillonne plus fort.
Quand sonnera-t-on la mort du sonneur ?

Chère Elise

Cette chanson qui date de la première moitié du XIXe siècle fait partie de ce qu'on appelle les chansons à tiroir, qui n'ont jamais de fin puisque le dernier couplet renvoie au premier.

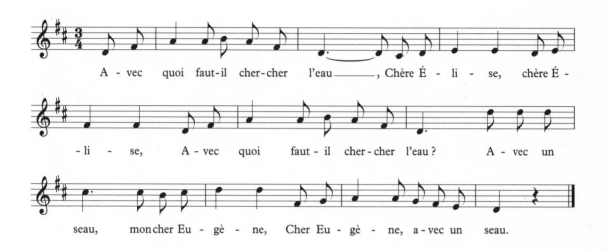

A - vec quoi faut-il cher-cher l'eau____, Chère É - li - se, chère É - - li - se, A - vec quoi faut-il cher-cher l'eau ? A - vec un seau, mon cher Eu - gè - ne, Cher Eu - gè - ne, a - vec un seau.

— Avec quoi faut-il chercher l'eau,
Chère Elise, chère Elise,
Avec quoi faut-il chercher l'eau ?
— Avec un seau, mon cher Eugène,
Cher Eugène, avec un seau.

— Mais le seau, il est percé,
Chère Elise, chère Elise,
Mais le seau, il est percé.
— Faut le boucher, mon cher Eugène,
Cher Eugène, faut le boucher.

— Avec quoi faut-il le boucher ?
— Avec d'la paille, mon cher Eugène.

— Mais la paille n'est pas coupée.
— Faut la couper, mon cher Eugène.

— Avec quoi faut-il la couper ?
— Avec une faux, mon cher Eugène.

— Mais la faux n'est pas affûtée.
— Faut l'affûter, mon cher Eugène.

— Avec quoi faut-il l'affûter ?
— Avec une pierre, mon cher Eugène.

— Mais la pierre n'est pas mouillée.
— Faut la mouiller, mon cher Eugène.

— Avec quoi faut-il la mouiller ?
— Avec de l'eau, mon cher Eugène.

— Avec quoi faut-il chercher l'eau ?

Entre les deux

Les enfants dansaient cette ronde folklorique de France dans les cours de récréation.

En - tre les deux, mon cœur ba - lan - ce, Je ne sais pas la-

quelle ai - mer des deux. C'est à Co - rinne ma pré - fé-

-ren - ce Et à Zo - é les cent coups de bâ - ton.

Ah ! Zo - é ! Ah ! Zo - é ! Si tu crois que j't'ai - me, Mon p'tit cœur

n'est pas fait pour toi. Il est fait pour ce - lui que j'ai - me

Et pas pour cel - le que j'aim' pas. Em-bras - sez vot' bien-ai - mée.

Entre les deux, mon cœur balance,
Je ne sais pas laquelle aimer des deux.
C'est à Corinne ma préférence
Et à Zoé les cent coups de bâton.
Ah ! Zoé ! Ah ! Zoé !
Si tu crois que j't'aime,
Mon p'tit cœur n'est pas fait pour toi.
Il est fait pour celle que j'aime
Et pas pour celle que j'aim' pas.
Embrassez vot'bien-aimée.

Entre le bœuf
et l'âne gris

Ce vieux noël breton date probablement du XIXe siècle. Les noëls, chants composés à l'occasion de la fête de Noël, apparaissent vers le XVe siècle.

En - tre le bœuf et l'â - ne gris Dort, dort,

Refrain

dort le pe - tit - fils Mille an - ges di - vins Mil - le sé - ra -

-phins Vo - lent à l'en - tour De ce grand Dieu d'a - mour.

Entre le bœuf et l'âne gris
Dort, dort, dort le petit fils

Refrain
Mille anges divins
Mille séraphins
Volent à l'entour
De ce grand Dieu d'amour

Entre les pastoureaux jolis
Dort, dort, dort le petit fils

Entre les roses et les lys
Dort, dort, dort le petit fils

Entre les deux bras de Marie
Dort, dort, dort le petit fils

Le grand cerf

Les enfants chantent toujours cette chansonnette en la mimant avec les mains : les oreilles du lapin, le fusil du chasseur…

Dans sa mai - son un grand cerf, Re - gar - dait par la fe - nê - tre,

Un la - pin ve - nir à lui Et frap - per à l'huis.

« Cerf ! cerf ! ou - vre - moi ! Ou le chas - seur me tue - ra !

La - pin, la - pin, entre et viens, Me ser - rer la main. »

Dans sa maison un grand cerf,
Regardait par la fenêtre
Un lapin venir à lui
Et frapper à l'huis.
— Cerf ! cerf ! ouvre-moi !
Ou le chasseur me tuera !
— Lapin, lapin, entre et viens,
Me serrer la main.

La marche des Rois Mages

C'est l'un des derniers morceaux de L'Arlésienne, *récit des* Lettres de mon moulin, *dont Alphonse Daudet fit une pièce sans aucun succès. Georges Bizet l'a mis en musique en l'adaptant sur un air de Lully, et fit un triomphe.*

De bon ma - tin ——, j'ai ren - con - tré le train De trois grands

Rois qui al - laient en voy - a —— ge Rois des - sus le grand che - min.

Ve - naient d'a - bord Des gar - des du corps, Des gens ar -

- més a - vec tren - te pe - tits pa — ges, - més des - sus leurs just - au - corps.

De bon matin, j'ai rencontré le train
De trois grands Rois qui allaient en voyage
De bon matin, j'ai rencontré le train
De trois grands Rois dessus le grand chemin.

Venaient d'abord
Des gardes du corps,
Des gens armés avec trente petits pages,
Venaient d'abord
Des gardes du corps,
Des gens armés dessus leurs justaucorps.

Puis sur un char doré de toutes parts,
On voit trois Rois modestes comme des anges,
Puis sur un char doré de toutes parts,
Trois Rois debout parmi les étendards.

L'étoile luit
Et les Rois conduit
Par longs chemins devant une pauvre étable,
L'étoile luit
Et les Rois conduit
Par longs chemins devant l'humble réduit.

Au Fils de Dieu qui naquit en ce lieu
Ils viennent tous présenter leurs hommages,
Au Fils de Dieu qui naquit en ce lieu
Ils viennent tous présenter leurs doux vœux.
De beaux présents, or, myrrhe et encens,
Ils vont offrir au maître tant aimable,
De beaux présents, or, myrrhe et encens,
Ils vont offrir au bienheureux enfant.

J'ai perdu le do de ma clarinette

Sur cet air bien connu, la BBC a diffusé en 1944 une chanson intitulée Hitler perd Smolensk *de Pierre Trémois, et commençant ainsi : « Hitler perd Smolensk et bat en retraite | Vous verrez bientôt Hitler perd' la tête. | On n'sait jusqu'où ça ira, tralala. (bis) | Courage, camarades, courages, camarades, | Courage on les aura (bis). »*

J'ai per-du le dos de ma cla - ri - net - te, J'ai per-du le dos de ma

cla - ri - net - te, Ah ! si pa - pa il sa-vait ça, tra - la - la,

Ah ! si pa - pa il sa-vait ça, tra - la - la, Il di - rait : O-hé !

Il di - rait : O-hé ! Tu n'con-nais pas la ca-den-ce, Tu n'sais pas com -

ment l'on dan-se, Tu n'sais pas dan - ser Au pas ca-den - cé. Au

pas, ca-ma-rade, Au pas, ca-ma-rade, Au pas, au pas, au pas Au

pas, ca-ma-rade, Au pas, ca-ma-rade, Au pas, au pas, au pas Au pas, au pas.

J'ai perdu le do de ma clarinette, *(bis)*
Ah ! si papa il savait ça, tralala, *(bis)*
Il dirait : Ohé ! *(bis)*
Tu n'connais pas la cadence,
Tu n'sais pas comment l'on danse,
Tu n'sais pas danser
Au pas cadencé.
Au pas, camarade, *(bis)*
Au pas, au pas, au pas
Au pas, camarade, *(bis)*
Au pas, au pas, au pas
Au pas, au pas.
(Continuer avec toutes les notes de la gamme.)

Compère Guilleri

C'est probablement une légende du Poitou qui est à l'origine de cette chanson. Gallery
(Guilleri) était un gentilhomme sans pitié qui passait son temps à chasser au mépris des
récoltes des pauvres paysans. Il fut condamné par Dieu à chasser éternellement du lever au
coucher du soleil.

Il é - tait un p'tit hom - me Qui s'ap-pe-lait Guil - l'ri, Ca-ra-bi ; Il
s'en fut à la chas - se A la chasse aux per - drix Ca-ra-bi, Ti -
-ti Ca-ra-bi, To - to Ca-ra-bo, Com - pè-re Guil-le-ri ! Te lai - ras -
-tu te lair-ras - tu te lair-ras - tu mou - ri_____ !

Il était un p'tit homme
Qui s'appelait Guill'ri,
Carabi ;
Il s'en fut à la chasse
A la chasse aux perdrix
Carabi,
Titi Carabi,
Toto Carabo,
Compère Guilleri !
Te lairas-tu
   te lairas-tu
   te lairas-tu mouri !

Il s'en fut à la chasse,
A la chasse aux perdrix,
Carabi ;
Il monta sur un arbre
Pour voir ses chiens couri,
Carabi,
Titi Carabi, etc.

Il monta sur un arbre
Pour voir ses chiens couri,
Carabi ;
La branche vint à rompre
Et Guilleri tombit,
Carabi,
Titi Carabi, etc.

La branche vint à rompre
Et Guilleri tombit,
Carabi ;
Il se cassa la jambe
Et le bras se démit,
Carabi,
Titi Carabi, etc.

Il se cassa la jambe
Et le bras se démit,
Carabi ;
Les dam' de l'hôpital
Sont arrivées au bruit,
Carabi,
Titi Carabi, etc.

Les dam' de l'hôpital
Sont arrivées au bruit,
Carabi ;
L'une apporte un emplâtre,
L'autre de la charpie,
Carabi,
Titi Carabi, etc.

On lui banda la jambe
Et le bras lui remit,
Carabi ;
Pour remercier ses dames
Guill'ri les embrassit,
Carabi,
Titi Carabi, etc.

Ils étaient trois garçons

Ce chant scout bien connu se chante à plusieurs voix lors des veillées autour d'un feu de bois.

Ils é - taient trois gar- çons Ils é - taient trois gar- çons Leur chant, leur

chant, Em-plit ma mai - son, Leur chant, leur chant, Em-plit ma mai - son.

Ils étaient trois garçons *(bis)*
Leur chant, leur chant
Emplit ma maison,
Leur chant, leur chant
Emplit ma maison.

Ils étaient si joyeux *(bis)*
Que je voulus partir avec eux *(bis)*

— Amis, où allez-vous ? *(bis)*
Je suis si triste et si las de tout. *(bis)*

— Ami, viens avec nous *(bis)*
Tu connaitras des plaisirs plus doux. *(bis)*
— Tu connaîtras la paix *(bis)*
Bien loin, bien loin de ce qui est laid. *(bis)*

Ils étaient venus trois *(bis)*
Quatre partaient le cœur plein de joie. *(bis)*

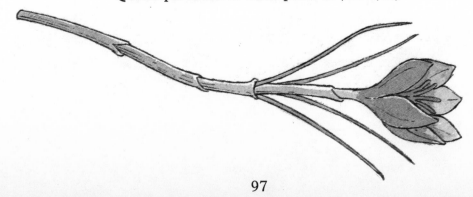

Dansons la capucine

Sur cette ancienne ronde, les enfants chantent et dansent.

Dan - sons la ca - pu - ci - ne, Y'a plus de

pain chez nous, Y'en a chez la voi - si - ne,

Mais ce n'est pas pour nous. You !

Dansons la capucine,
Y'a plus de pain chez nous,
Y'en a chez la voisine,
Mais ce n'est pas pour nous.
You !

Dansons la capucine,
Y'a pas de vin chez nous,
Y'en a chez la voisine,
Mais ce n'est pas pour nous.
You !

Dansons la capucine,
Y'a du plaisir chez nous,
On pleure chez la voisine,
On rit toujours chez nous.
You !

Le vieux chalet

Cette chanson populaire suisse est l'œuvre du chanoine Joseph Bovet. Elle a été composée dans les années 1940 sur un air suisse ancien.

Là - haut   sur mon - ta - gne L'é - tait un vieux cha -

-let ;   Là - haut   sur la mon - ta - gne L'é - tait un vieux cha -

-let ; Murs blancs,   toit de bar - deaux, De - vant la porte, un vieux bou -

-leau,   Là - haut   sur la mon - ta — gne L'é - tait un vieux cha - let.

Là-haut sur la montagne
L'était un vieux chalet ;
Murs blancs, toit de bardeaux,
Devant la porte, un vieux bouleau,
Là-haut sur la montagne
L'était un vieux chalet.

Là-haut sur la montagne
Croula le vieux chalet ;
La neige et les rochers
S'étaient unis pour l'arracher.
Là-haut sur la montagne
Croula le vieux chalet.

Là-haut sur la montagne
Quand Jean vint au chalet ;
Pleura de tout son cœur
Sur les débris de son bonheur,
Là-haut sur la montagne,
Quand Jean vint au chalet.

Là-haut sur la montagne
L'est un nouveau chalet ;
Car Jean d'un cœur vaillant
L'a rebâti plus beau qu'avant.
Là-haut sur la montagne
L'est un nouveau chalet.

Maman, les p'tits bateaux

Ma - man, les p'tits ba - teaux Qui vont sur l'eau Ont - ils des jam - bes ? Mais

oui, mon gros bê - ta, S'ils n'en a - vaient pas, Ils ne march'-raient pas. Al -

-lant droit de - vant eux, Ils font le tour du mon - de, Et

comme la terre est ron - de, Ils re - vien - nent chez eux.

Maman, les p'tits bateaux
Qui vont sur l'eau
Ont-ils des jambes ?
— Mais oui, mon gros bêta,
S'ils n'en avaient pas,
Ils ne march'raient pas.

Allant droit devant eux,
Ils font le tour du monde,
Et comme la terre est ronde,
Ils reviennent chez eux.

Bonjour, Guillaume

Cette chanson originaire d'Ile-de-France connaît des versions analogues en Alsace, Auvergne, Bretagne, Cévennes, Dauphiné, Flandre, Gascogne, Languedoc, Lyonnais, Normandie, Périgord, Poitou, ainsi qu'en Tunisie, Wallonie et en Suisse romande. Elle est plus souvent attestée comme ronde ou chanson de récréation.

Bon - jour, Guil-laume, As - tu bien dé - jeu - né ?

Mais oui, Ma-dame, J'ai man-gé du pâ - té. Du pâ - té d'a-lou - et - te, Guil -

-laume et Guil-lau-met-te, Cha - cun s'em-bras-se - ra Et Guil-laume res-te-ra.

Bonjour, Guillaume,
As-tu bien déjeuné ?
Mais oui, Madame,
J'ai mangé du pâté.
Du pâté d'alouette,
Guillaume et Guillaumette,
Chacun s'embrassera
Et Guillaume restera.

Un, deux, trois

Cette comptine qui sert souvent à rythmer le saut à la corde et le jeu de balle au mur est extrêmement répandue et connaît de nombreuses variantes. L'énumération se poursuit parfois comme en Hainaut belge par : « Treize quatorze quinze, ce sera pour le prince ; / Seize dix-sept dix-huit, il préfère les huîtres. »

Un, deux, trois, Al- lons dans les bois, Quatr', cinq,

six, Cueil- lir des ce - rises, Sept, huit, neuf, Dans mon

pa - nier neuf, Dix, onz', douze, Ell' se - ront toutes rouges.

Un, deux, trois,
Allons dans les bois,
Quatr', cinq, six,
Cueillir des cerises,
Sept, huit, neuf,
Dans mon panier neuf,
Dix, onz', douze,
Ell' seront toutes rouges.

Mon âne, mon âne

L'âne jouait un rôle important lors des anciennes fêtes des fous qui finirent par être interdites tant leurs excès exaspéraient les autorités. Elles eurent lieu cependant jusqu'au Moyen Age, époque à laquelle on retrouve l'âne dans bien des chansons. La version que nous connaissons est quasiment identique à celle de 1855.

Mon â - ne, mon â - ne, A bien mal à la tête. Ma - da - me lui fait

Récapitulation

fai - re Un bon-net pour sa fête Un bon-net pour sa fête

Et des sou-liers li - las la, la, Et des sou-liers li - las.

Mon âne, mon âne,
A bien mal à la tête.
Madame lui fait faire
Un bonnet pour sa fête
Et des souliers lilas, la, la,
Et des souliers lilas.

Mon âne, mon âne,
A bien mal aux oreilles.
Madame lui fait faire
Un' paire de boucles d'oreilles,
Un bonnet pour sa fête
Et des souliers lilas, la, la,
Et des souliers lilas.

Mon âne, mon âne,
A bien mal à ses yeux.
Madame lui fait faire
Un' paire de lunettes bleues,
Un' paire de boucles d'oreilles,
Un bonnet pour sa fête
Et des souliers lilas, la, la,
Et des souliers lilas.

Mon âne, mon âne,
A bien mal à ses dents.
Madame lui fait faire
Un râtelier d'argent, etc.

Mon âne, mon âne,
A mal à l'estomac.
Madame lui fait faire
Un' tasse de chocolat, etc.

Sur le pont d'Avignon

Le pont d'Avignon apparaît pour la première fois dans une chanson éditée en 1503 à Venise par un certain Ottaviano Petrucci de Fossombrone (qui fut le premier au monde à imprimer de la musique). Le pont sera à l'honneur dans bien des chansons et c'est vers la fin du XIXe siècle qu'apparaît en Saintonge cette ronde chantée et dansée par les jeunes gens.

Sur le   pont   d'A-vi - gnon,   On y   dan-se, on y   dan-se, Sur le

pont d'A-vi - gnon   On y   dan-se, tout en   rond.   Les beaux mes-sieurs

D.C.

font   comm'   ça   Et puis en - cor'   comm'   ça.

Sur le pont d'Avignon,
On y danse, on y danse,
Sur le pont d'Avignon
On y danse, tout en rond.

Les beaux messieurs font comm'ça
Et puis encor' comm' ça.

Les bell's dam's font comm'ça
Et puis encor' comm' ça.

Les cordonniers font comm'ça
Et puis encor' comm' ça.

Les blanchisseuses font comm'ça
Et puis encor' comm' ça.

Y'a une pie

Cette chanson folklorique du Poitou est ce qu'on appelle une « scie » ou encore une rengaine : elle se caractérise par ses répétitions.

Y'a une pie dans l'poi-rier, J'en - tends la pie qui chan - te.

Y'a une pie dans l'poi-rier, J'en - tends la pie chan - ter. J'en -

-tends, j'en - tends, J'en - tends la pie qui chan - te. J'en -

-tends, j'en - tends, J'en - tends la pie chan - ter.

Y'a une pie dans l'poirier,
J'entends la pie qui chante.
Y'a une pie dans l'poirier,
J'entends la pie chanter.
J'entends, j'entends,
J'entends la pie qui chante.
J'entends, j'entends,
J'entends la pie chanter.

113

Dame Tartine

On peut pratiquement dater cette chanson par les pâtisseries évoquées. La plupart de celles-ci sont anciennes comme les « craquelins », sortes de bretzels, qui sont attestés dès le XIIIe siècle. Le vol-au-vent, en revanche, ne fait son apparition qu'en 1817.

Il é - tait un' Da-me Tar - ti - ne, Dans un beau pa-lais de beurr' frais. Les mu-raill' é-taient de pra - li - ne! Le par-quet é-tait de cro-quets. La cham-bre à cou-cher É-tait d'é-chau- dés ; Son lit, de bis - cuits ; C'est fort bon la nuit.

Il était un' Dame Tartine,
Dans un beau palais de beurr' frais.
Les muraill' étaient de praline !
Le parquet était de croquets.
La chambre à coucher
Etait d'échaudés ;
Son lit, de biscuits ;
C'est fort bon la nuit.

Quand ell' s'en allait à la ville,
Elle avait un petit bonnet.
Les rubans étaient de pastille ;
Le fond était de raisiné.
Sa petit' carriole
Etait d'croquignole ;
Ses petits chevaux
Etaient de pâtés chauds.

Elle épousa Monsieur Gimblette,
Coiffé d'un beau fromage blanc,
Dont les bords étaient de galette ;
Son habit était d'vol-au-vent,
Culotte en nougat,
Gilet d'chocolat,
Bas de caramel
Et souliers de miel.

Leur fille, la belle Charlotte,
Avait un nez de massepain,
De superbes dents de compote,
Des oreilles de craquelin ;
Je la vois garnir
Sa rob' de plaisirs
Avec un rouleau
De pât' d'abricot.

Le joli prince Limonade,
Bien frisé, vient de faire sa cour,
Cheveux garnis de marmelade
Et de pommes cuites au four.
Son royal bandeau
De petits gâteaux
Et de raisins secs
Portait au respect.

On frémit en voyant sa garde
De câpres et de cornichons
Armés de fusils de moutarde
Et de sabres en p'lur' d'oignon.
Pralin's et fondants
S'avancent en rang
Et les petits fours
Battent du tambour.

Sur un grand trône de brioches
Charlotte et le roi vont s'asseoir.
Les bonbons sortent de leurs poches
Depuis le matin jusqu'au soir.
Les petits enfants,
Avant tout gourmands,
Se montrent ravis
D'être ainsi servis.

Mais hélas ! la fée Carabosse,
Jalouse et de mauvaise humeur,
Renversa d'un coup de sa bosse
Le palais sucré du bonheur.
Pour le rebâtir
Donnez à loisir,
Donnez, bons parents,
Du sucre aux enfants.

Voici le mois de mai

Dès le Moyen Age, « faire la quête » se dit quérir, *ou chanter le mai. Car au mois de mai, dans les campagnes, les jeunes gens plantaient sur la porte de la femme qu'ils aimaient des couronnes de fleurs et recevaient, en retour, des dons en nature (souvent des œufs et du lard). A partir du milieu du XIXe siècle, la monnaie remplace les dons en nature et l'on assimile de plus en plus la tournée de quête à la mendicité. La coutume disparaîtra dès le XXe siècle.*

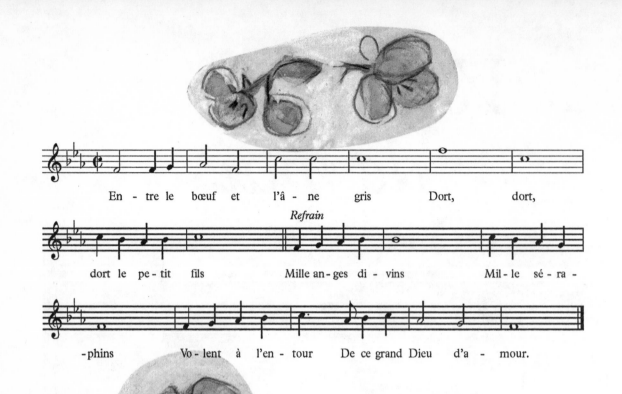

En - tre le bœuf et l'â - ne gris Dort, dort,

Refrain

dort le pe - tit fils Mille an - ges di - vins Mil - le sé - ra -

-phins Vo - lent à l'en - tour De ce grand Dieu d'a - mour.

Voici le mois de mai *(bis)*
Où les fleurs vol'nt au vent
Où les fleurs vol'nt au vent
Si jolie mignonne
Où les fleurs vol'nt au vent
Si mignonnement.

Le gentil fils du roi *(bis)*
S'en va les ramassant
S'en va les ramassant
Si jolie mignonne
S'en va les ramassant
Si mignonnement.

Il en ramasse tant *(bis)*
Qu'il en remplit ses gants
Qu'il en remplit ses gants
Si jolie mignonne
Qu'il en remplit ses gants
Si mignonnement.

A sa mie les porta *(bis)*
Les donna en présent
Les donna en présent
Si jolie mignonne
Les donna en présent
Si mignonnement.

— Prénez, prenez, ma mie *(bis)*
Je vous donne ces gants
Je vous donne ces gants
Si jolie mignonne
Je vous donne ces gants
Si mignonnement.

Portez-les donc, ma mie *(bis)*
Trois ou quatre fois l'an
Trois ou quatre fois l'an
Si jolie mignonne
Trois ou quatre fois l'an
Si mignonnement.

A Pâques, à la Toussaint, *(bis)*
A Noël, à Saint-Jean
A Noël, à Saint-Jean
Si jolie mignonne
A Noël, à Saint-Jean
Si mignonnement.

Un petit bonhomme

Cette comptine est chantée par les enfants de Louisiane sur l'air bien connu de J'ai du bon tabac . En voici une variante : « Un petit bonhomm' Pas plus haut qu'un rat | A battu sa femm' comme un scélérat | En disant " Madam' ça vous apprendra | de voler mes pomm's Quand je suis pas là. »

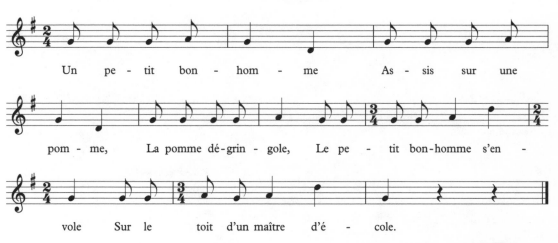

Un pe - tit bon - hom - me   As - sis sur une

pom - me,   La pomme dé-grin - gole,   Le pe - tit bon-homme s'en -

vole   Sur le   toit d'un maître   d'é - cole.

Un petit bonhomme
Assis sur une pomme,
La pomme dégringole,
Le petit bonhomme s'envole
Sur le toit d'un maître d'école.

Il était une bergère

Cette ronde enfantine date sans doute de l'époque de Louis XV. Au siècle dernier, elle avait une suite : « Elle s'en fut à confesse / Vers le père Grignon. » Un des joueurs prenait le rôle du père Grignon et entrait dans le confessionnal. La bergère s'agenouillait devant lui en chantant : « Mon père je m'accuse / D'avoir tué un chaton. » Le confesseur répondait à sa pénitente en la relevant : « Pour votre pénitence / Nous nous embrasserons. »

Il était une bergère, Et ron et ron, pe-tit pa-ta-pon, Il é-tait un' ber-gè-re, Qui gar-dait ses mou--tons, Ron, ron, Qui gar-dait ses mou-tons.

Il était une bergère,
Et ron et ron, petit patapon,
Il était un' bergère,
Qui gardait ses moutons,
Ron, ron,
Qui gardait ses moutons.

Elle fit un fromage,
Et ron et ron, petit patapon,
Elle fit un fromage,
Du lait de ses moutons,
Ron, ron,
Du lait de ses moutons.

Le chat qui la regarde
Et ron et ron, petit patapon,
Le chat qui la regarde
D'un petit air fripon,
Ron ron,
D'un petit air fripon.

Si tu y mets la patte
Et ron et ron, petit patapon,
Si tu y mets la patte
Tu auras du bâton
Ron, ron,
Tu auras du bâton.

Il n'y mit pas la patte
Et ron et ron, petit patapon,
Il n'y mit pas la patte
Il y mit le menton,
Ron, ron,
Il y mit le menton.

La bergère en colère,
Et ron et ron, petit patapon,
La bergère en colère,
Tua son p'tit chaton,
Ron, ron,
Tua son p'tit chaton.

Elle fut à confesse
Et ron et ron, petit patapon,
Elle fut à confesse
Pour demander pardon,
Ron, ron,
Pour demander pardon.

— Mon père, je m'accuse
Et ron et ron, petit patapon,
— Mon père, je m'accuse
D'avoir tué mon chaton
Ron, ron,
D'avoir tué mon chaton.

— Ma fill', pour pénitence,
Et ron et ron, petit patapon,
— Ma fill', pour pénitence,
Nous nous embrasserons,
Ron, ron,
Nous nous embrasserons.

— La pénitence est douce
Et ron et ron, petit patapon,
— La pénitence est douce
Nous recommencerons,
Ron, ron,
Nous recommencerons.

Le Roi a fait battre tambour

Cette chanson est probablement inspirée par la mort dramatique de Gabrielle d'Estrées, marquise de Montceaux et favorite du roi Henri IV, qui mourut dans des circonstances inexpliquées. On soupçonna ses rivales de l'avoir empoisonnée.

Le Roi a fait bat-tre tam-bour Pour voir tou-tes ces da mes. Et la pre-miè - re qu'il a vue Lui a ra-vi son â me.

Le Roi a fait battre tambour *(bis)*
Pour voir toutes ces dames.
Et la première qu'il a vue
Lui a ravi son âme.

Marquis, dis-moi, la connais-tu ? *(bis)*
Qui est cett'joli' dame ?
Le marquis lui a répondu :
Sire roi, c'est ma femme.

Marquis, tu es plus heureux qu'moi *(bis)*
D'avoir femme si belle.
Si tu voulais me l'accorder
Je me chargerais d'elle.

Sir', si vous n'étiez pas le roi, *(bis)*
J'en tirerais vengeance,
Mais puisque vous êtes le roi,
A votre obéissance.

 Marquis, ne te fâche donc pas, *(bis)*
T'auras ta récompense,
Je te ferai dans mes armées
Beau maréchal de France.

Adieu, ma mie, adieu, mon cœur, *(bis)*
Adieu, mon espérance !
Puisqu'il faut servir le roi,
Séparons-nous d'ensemble.

La reine a fait faire un bouquet, *(bis)*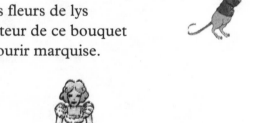
De belles fleurs de lys
Et la senteur de ce bouquet
A fait mourir marquise.

Le mouton

Cette chanson de bergers nous vient de Haute-Bretagne et date de la fin du XVIIIe siècle ou du début du XIXe siècle.

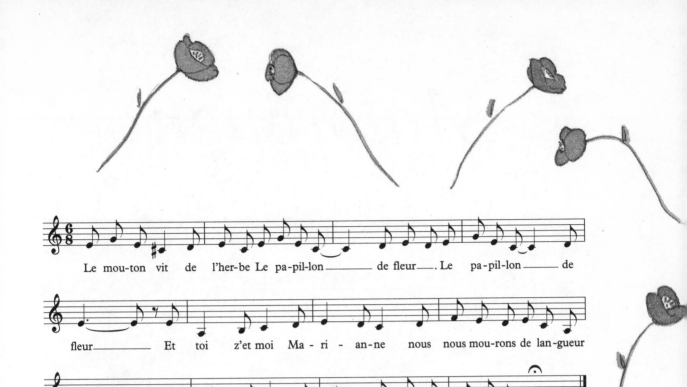

Le mou-ton vit de l'her-be Le pa-pil-lon de fleur. Le pa-pil-lon de fleur Et toi z'et moi Ma-ri-an-ne nous nous mou-rons de lan-gueur Et toi z'et moi Ma-ri-an-ne nous nous mou-rons de lan-gueur.

Le mouton vit de l'herbe
Le papillon de fleur *(bis)*
Et toi z'et moi Marianne
Nous nous mourons de langueur
Et toi z'et moi Marianne
Nous nous mourons de langueur.

Le mouton dans le pré
Est en danger du loup *(bis)*
Et toi z'et moi Marianne
Sommes en danger d'amour.

J'ai un copain de frère
Qui me fait enrager *(bis)*
Il va dire à ma mère
Que j'aime mon berger.

Berger de mon village
Reviens me secourir *(bis)*
Car ce serait dommage *(bis)*
De me laisser languir.

Nous sommes-t-ici z'ensemble
Restons-y bien longtemps *(bis)*
L'amour est agréable *(bis)*
Auprès de son amant.

Malbrough

John Churchill, duc de Marlbrough, était un célèbre général anglais qui s'illustra dans les guerres contre Louis XIV. L'essentiel de sa carrière militaire fut consacré à lutter contre la France. C'est pourquoi les Français s'amusèrent à raconter sur un ton parodique sa mort et son enterrement.

Mal - brough s'en va - t'en guer - re, Mi - ron - ton, mi - ron - ton, mi - ron -

FIN

-tai - ne, Mal - brough s'en va - t'en guer - re, Ne sait quand re - vien - dra

D.C.

Ne sait quand re - vien - dra _____ Ne sait quand re - vien - dra _____

Malbrough s'en va-t-en guerre,
Mironton, mironton, mirontaine,
Malbrough s'en va-t-en guerre,
Ne sait quand reviendra. *(bis)*

Il reviendra-z-à Pâques,
Mironton, mironton, mirontaine,
Il reviendra-z-à Pâques,
Ou à la Trinité. *(bis)*

La Trinité se passe,
Mironton, mironton, mirontaine,
La Trinité se passe,
Malbrough ne revient pas. *(bis)*

Madame à sa tour monte,
Mironton, mironton, mirontaine,
Madame à sa tour monte,
Si haut qu'elle peut monter. *(bis)*

Elle aperçoit son page,
Mironton, mironton, mirontaine,
Elle aperçoit son page,
Tout de noir habillé. *(bis)*

« Beau page, mon beau page,
Mironton, mironton, mirontaine,
Beau page, mon beau page,
Quell'nouvelle apportez ? » *(bis)*

« Aux nouvelles que j'apporte,
Mironton, mironton, mirontaine,
Aux nouvelles que j'apporte,
Vous beaux yeux vont pleurer. *(bis)*

Quittez vos habits roses,
Mironton, mironton, mirontaine,
Quittez vos habits roses,
Et vos satins brochés. *(bis)*

Monsieur Malbrough est mort,
Mironton, mironton, mirontaine,
Monsieur Malbrough est mort,
Est mort et enterré. *(bis)*

J'l'ai vu porter en terre,
Mironton, mironton, mirontaine,
J'l'ai vu porter en terre,
Par quatre-z-officiers. *(bis)*

L'un portait sa cuirasse,
Mironton, mironton, mirontaine,
L'un portait sa cuirasse,
L'autre son bouclier. *(bis)*

L'un portait son grand sabre,
Mironton, mironton, mirontaine,
L'un portait son grand sabre,
L'autre ne portait rien. *(bis)*

On vit voler son âme,
Mironton, mironton, mirontaine,
On vit voler son âme,
A travers des lauriers. *(bis)*

Chacun mit ventre à terre,
Mironton, mironton, mirontaine,
Chacun mit ventre à terre,
Et puis se releva. *(bis)*

Pour chanter les victoires,
Mironton, mironton, mirontaine,
Pour chanter les victoires,
Que Malbrough remporta. *(bis)*

La cérémoni' faite,
Mironton, mironton, mirontaine,
La cérémoni' faite,
Chacun s'en retourna. » *(bis)*

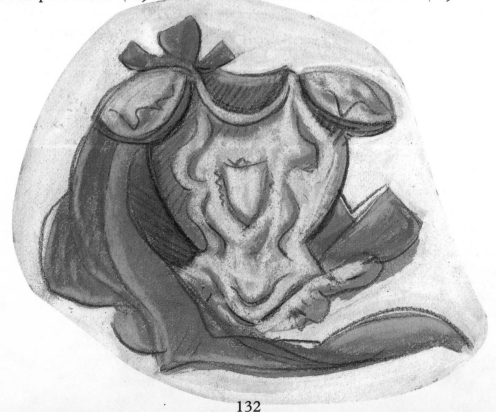

Il pleut, il pleut, bergère

Les bergeries sont à la mode au XVIIIe siècle. Celle-ci est l'œuvre du poète et acteur Philippe Fabre d'Eglantine qui donna des noms champêtres (prairial, germinal, fructidor…) aux mois du calendrier républicain en 1793. La musique est de Victor Simon, violoniste auteur de plusieurs opéras-comiques.

Il pleut, il pleut, ber-gè - re, Pres-se tes blancs mou-

-tons, Al-lons sous ma chau-miè - re, Ber-gè-re, vite al-

-lons _____ . J'ent-ends sur le feuil-la - ge L'eau qui tombe à grand

bruit _____ , Voi - ci voi-ci l'o-ra - ge Voi - ci l'é-clair qui luit _____ .

Il pleut, il pleut, bergère,
Presse tes blancs moutons,
Allons sous ma chaumière,
Bergère, vite allons.
J'entends sur le feuillage
L'eau qui tombe à grand bruit,
Voici voici l'orage
Voici l'éclair qui luit.

Entends-tu le tonnerre ?
Il roule en approchant ;
Prends un abri, bergère,
A ma droite, en marchant.
Je vois notre cabane ;
Et tiens, voici venir
Ma mère et sa sœur Anne,
Qui vont l'étable ouvrir.

Bonsoir, bonsoir, ma mère ;
Ma sœur Anne, bonsoir ;
J'amène ma bergère
Près de vous pour ce soir.
Va te sécher ma mie,
Auprès de nos tisons
Sœur, fais-lui compagnie.
Entrez, petits moutons.

Soignons bien, ô ma mère,
Son tant joli troupeau ;
Donnez plus de litière
A son petit agneau.
C'est fait. Allons près d'elle.
Eh bien ! donc, te voilà !
En corset qu'elle est belle !
Ma mère, voyez-la.

Soupons ; prends cette chaise,
Tu seras près de moi ;
Ce flambeau de mélèze
Brûlera devant toi,
Goûte de ce laitage.
Mais tu ne manges pas ?
Tu te sens de l'orage :
Il a lassé tes pas.

Eh bien, voilà ta couche,
Dors-y jusques au jour ;
Sur ton front pur, ma bouche
Prend un baiser d'amour.
Ne rougis pas, bergère,
Ma mère et moi, demain,
Nous irons chez ton père
Lui demander ta main.

Un petit cochon

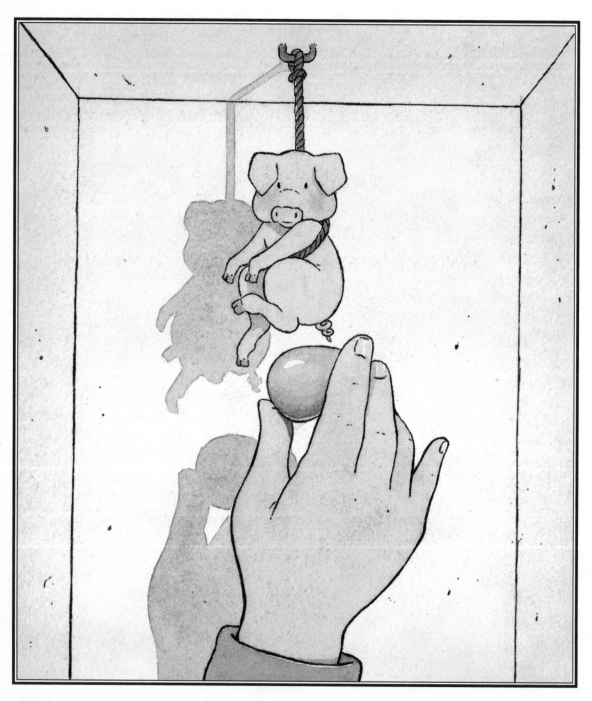

Cette comptine que l'on retrouve dans plus de 24 provinces de France connaît bien des variantes. Elle s'intitule aussi Un petit chien, Un petit chat bleu... Sur chacune des syllabes, l'un des joueurs montre du doigt successivement, et dans le sens des aiguilles d'une montre, chacun de ses partenaires, le dernier étant bien sûr celui désigné par le sort.

Un pe - tit co - chon   Pen - du au pla - fond.

Ti - rez- lui le   nez,   Il don-n'ra du   lait.   Ti- rez- lui la

queue,   Il pon-dra des   œufs.   Com - bien en vou- lez - vous ?

Un petit cochon
Pendu au plafond.
Tirez-lui le nez,
Il donn'ra du lait.
Tirez-lui la queue,
Il pondra des œufs.
Combien en voulez-vous ?

Ballade à la lune

Ce canon est composé sur un poème d'Alfred de Musset. La musique est anonyme.

C'é-tait dans la nuit bru — ne, Sur le clo-cher jau — ni, La

lu — ne La lu — ne Comme un point sur un i.

C'était dans la nuit brune,
Sur le clocher jauni,
La lune *(bis)*
Comme un point sur un i.

Lune, quel esprit sombre
Promène au bout d'un fil,
Dans l'ombre *(bis)*
Ta face et ton profil ?

N'es-tu rien qu'une boule ?
Qu'un grand faucheux bien gras
Qui roule *(bis)*
Sans pattes et sans bras ?

Est-ce un ver qui te ronge
Quand ton disque noirci
S'allonge *(bis)*
En croissant rétréci ?

Car tu vins, pâle et morne,
Coller sur mes carreaux
Ta corne *(bis)*
A travers mes barreaux.

T'aimera le vieux pâtre
Seul, tandis qu'à ton front
D'albâtre *(bis)*
Ses dogues aboieront.

T'aimera le vieux pilote,
Dans son grand bâtiment,
Qui flotte *(bis)*
Sous le clair firmament !

Comme un ours à la chaîne,
Toujours sous tes yeux bleus
Se traîne *(bis)*
L'océan monstrueux.

Et qu'il vente ou qu'il neige,
Moi-même chaque soir,
Que fais-je, *(bis)*
Venant ici m'asseoir ?

Je viens voir à la brune,
Sur le clocher jauni,
La lune *(bis)*
Comme un point sur un i.

La tour,
prends garde

Dans cette ronde mimée, inspirée de la querelle opposant François Ier au chef de son armée, le duc de Bourbon, un groupe d'enfants représente la tour. D'autres jouent le duc, le colonel et les gardes. A la dernière réplique du duc, les enfants essaient d'abattre la tour qui se défend. Le vainqueur est proclamé duc et le jeu recommence.

La tour, prends gar - de La tour, prends gar - de De

D.C.

te lais - ser a - bat - - - tre.

Les gardes
La tour, prends garde *(bis)*
De te laisser abattre.

La tour
Nous n'avons garde *(bis)*
De nous laisser abattre.

Le colonel
J'irai me plaindre *(bis)*
Au duc de Bourbon.

La tour
Va-t-en te plaindre *(bis)*
Au duc de Bourbon.

Le colonel
Mon duc, mon prince *(bis)*
Je viens à vos genoux.

Le duc
Mon colonel *(bis)*
Que me demandez-vous ?

Le colonel
Un de vos gardes *(bis)*
Pour abattre la tour.

Le duc
Allez mon garde *(bis)*
Pour abattre la tour.

La tour
Nous n'avons garde *(bis)*
De nous laisser abattre.

Le colonel
Mon duc, mon prince *(bis)*
Je viens à vos genoux.

Le duc
Mon colonel *(bis)*
Que me demandez-vous ?

Le colonel
Deux de vos gardes *(bis)*
Pour abattre la tour.

La tour
Nous n'avons garde *(bis)*
De nous laisser abattre.

Le colonel
Mon cher fils *(bis)*
Pour abattre la tour.

Le duc
Je vais moi-même *(bis)*
Pour abattre la tour.

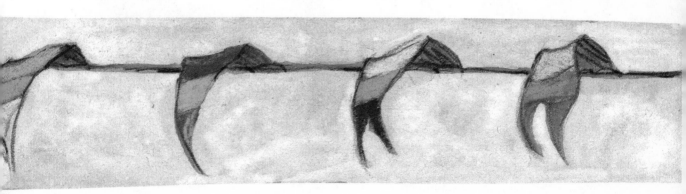

Savez-vous planter les choux ?

Sa - vez - vous plan-ter les choux, A la mo - de, à la

D.C.

-mo - de, Sa - vez - vous plan-ter les choux, A la mo - de de chez nous ?

Savez-vous planter les choux,
A la mode, à la mode,
Savez-vous planter les choux,
A la mode de chez nous ?

On les plante avec les pieds,
A la mode, à la mode,
On les plante avec les pieds,
A la mode de chez nous.

On les plante avec le g'nou.

On les plante avec le coude.

On les plante avec le nez.

On les plante avec la tête.

145

Il est né
le divin enfant

C'est sans doute le chant de Noël le plus célèbre de notre répertoire traditionnel. Malgré l'évocation des hautbois et des musettes, instruments très à la mode au XVIIIe siècle, il n'est pas très ancien et fut publié pour la première fois en 1874 dans un recueil d'airs de noëls lorrains. La naissance du Sauveur est célébrée ici sur un ancien air de chasse, La Tête Bizarde, issue d'un traité de vénerie de l'époque de Louis XV.

Il est né le divin enfant, Jou-ez haut-bois, ré-son-nez mu-
set-tes, Il est né le di-vin en-fant, Chan-tons tous son a-
-vè-ne-ment. De-puis plus de qua-tre mille ans,
Nous le pro-met-taient les Pro-phè-tes, De-puis plus de qua-
-tre mille ans, Nous at-ten-dions cet heu-reux temps.

Il est né le divin enfant,
Jouez, hautbois, résonnez, musettes,
Il est né le divin enfant,
Chantons tous son avènement.

Depuis plus de quatre mille ans,
Nous le promettaient les Prophètes,
Depuis plus de quatre mille ans,
Nous attendions cet heureux temps.

Ah ! qu'il est beau, qu'il est charmant !
Ah ! que ses grâces sont parfaites !
Ah ! qu'il est beau, qu'il est charmant !
Qu'il est doux ce divin enfant !

Une étable est son logement,
Un peu de paille est sa couchette,
Une étable est son logement,
Pour un Dieu quel abaissement !

Partez, grands rois de l'Orient,
Venez vous unir à nos fêtes !
Partez, grands rois de l'Orient,
Venez adorer cet enfant !

Il veut nos cœurs, il les attend,
Il naît pour faire leur conquête,
Il veut nos cœurs, il les attend,
Donnons-les-lui donc promptement.

O Jésus, ô Roi tout-puissant,
Tout petit enfant que vous êtes !
O Jésus, ô Roi tout-puissant,
Régnez sur nous entièrement !

Les anges dans nos campagnes

Cet ancien noël lorrain composé vers 1800 se termine par un gloria extrêmement répandu.
De nombreux noëls sont venus s'ajouter au XIXᵉ siècle au répertoire déjà imposant des noëls.

Les anges dans nos campagnes
Ont entonné l'hymne des Cieux
Et l'écho de nos montagnes
Redit ce chant mélodieux.

Refrain
Gloria in excelsis Deo !
Gloria in excelsis Deo !

Berger pour qui cette fête ?
Quel est l'objet de tous ces chants ?
Quels vainqueurs ? Quelle conquête
Mérite ces cris triomphants ?

Ils annoncent la naissance
Du libérateur d'Israël
Et pleins de reconnaissance
Chantent en ce jour solennel.

Chantons tous l'heureux village
Qui l'a vu naître sous ses toits
Offrons-lui le tendre hommage
Et de nos cœurs et de nos voix.

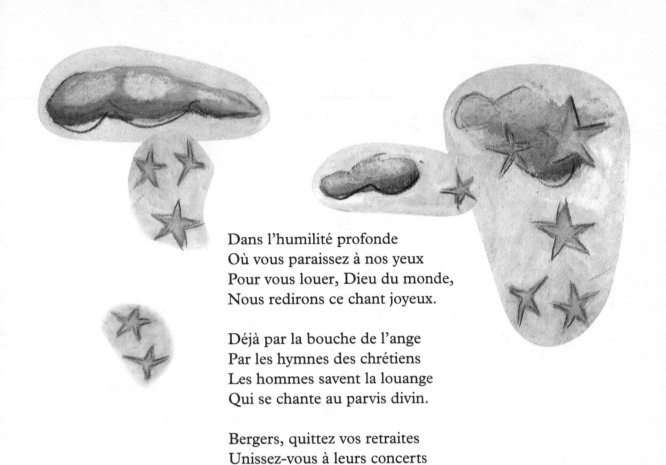

Dans l'humilité profonde
Où vous paraissez à nos yeux
Pour vous louer, Dieu du monde,
Nous redirons ce chant joyeux.

Déjà par la bouche de l'ange
Par les hymnes des chrétiens
Les hommes savent la louange
Qui se chante au parvis divin.

Bergers, quittez vos retraites
Unissez-vous à leurs concerts
Et que vos tendres musettes
Fassent retentir les airs.

Dociles à leurs exemples
Seigneur, nous viendrons désormais
Au milieu de votre temple
Chanter avec eux vos bienfaits.

J'aime la galette

J'ai-me la ga - let-te, Sa - vez - vous com - ment ? Quand elle est bien faite A - vec du beurre de - dans. Tra la la la la la la lè - re Tra la la la la la la la la. Tra la la la la la la la lè - re Tra la la la la la la la.

J'aime la galette,
Savez-vous comment ?
Quand elle est bien faite
Avec du beurre dedans.
Tra la la la la la la la lère
Tra la la la la la la la la. *(bis)*

En passant par la Lorraine

En pas - sant par la Lor - rai - ne A - vec mes sa - bots,

En pas - sant par la Lor - rai - ne A - vec mes sa - bots,

Ren - con - trais trois ca - pi - tai - nes A - vec mes sa - bots, don-

-dai - ne, Oh ! Oh ! Oh ! A - vec mes sa - bots.

En passant par la Lorraine
Avec mes sabots, *(bis)*
Rencontrais trois capitaines
Avec mes sabots, dondaine,
Oh ! Oh ! Oh !
Avec mes sabots.

Rencontrais trois capitaines
Avec mes sabots, *(bis)*
Ils m'ont appelé' vilaine
Avec mes sabots, dondaine,
Oh ! Oh ! Oh !
Avec mes sabots.

Ils m'ont appelé' vilaine
Avec mes sabots, *(bis)*
Je ne suis pas si vilaine
Avec mes sabots, dondaine,
Oh ! Oh ! Oh !
Avec mes sabots.

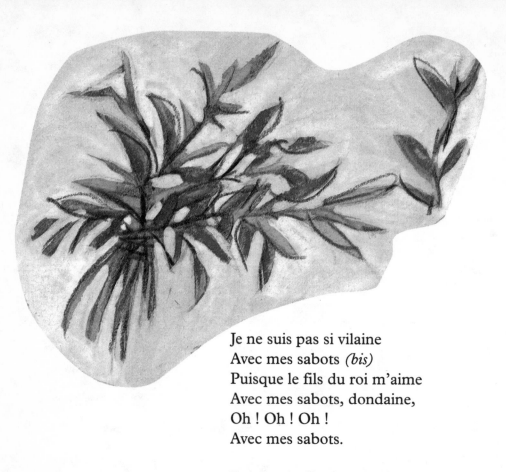

Je ne suis pas si vilaine
Avec mes sabots *(bis)*
Puisque le fils du roi m'aime
Avec mes sabots, dondaine,
Oh ! Oh ! Oh !
Avec mes sabots.

Puisque le fils du roi m'aime
Avec mes sabots *(bis)*
Il m'a donné pour étrenne
Avec mes sabots, dondaine,
Oh ! Oh ! Oh !
Avec mes sabots.

Il m'a donné pour étrenne
Avec mes sabots *(bis)*
Un bouquet de marjolaine,
Avec mes sabots, dondaine,
Oh ! Oh ! Oh !
Avec mes sabots.

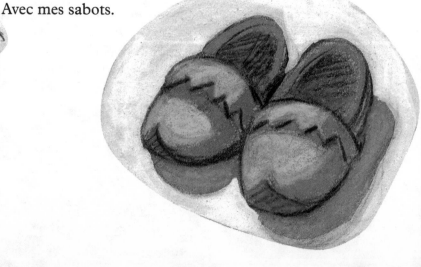

Ah ! mon beau château

Sur cette chanson, les enfants dansent une ronde : ils forment deux cercles concentriques tournant en sens inverse, chacun d'entre eux représentant un château. A la fin de chaque couplet, un enfant sort de l'une des deux rondes et va rejoindre l'autre. On chante la chanson jusqu'à ce qu'il ne reste plus qu'un seul cercle, c'est-à-dire un seul château.

Ah ! mon beau châ - teau, Ma tant' ti - re, li - re, li - re, Ah ! mon beau châ -
-teau, Ma tant' ti - re, li - re, lo. Le nôtre est plus beau, Ma tant' ti - re, li - re,
li - re, Le nôtre est plus beau, Ma tant' ti - re, li - re, lo.

Ah ! mon beau château,
Ma tant' tire, lire, lire,
Ah ! mon beau château,
Ma tant' tire, lire, lo.

Le nôtre est plus beau,
Ma tant' tire, lire, lire,
Le nôtre est plus beau,
Ma tant' tire, lire, lo.

Nous le détruirons,
Ma tant' tire, lire, lire,
Nous le détruirons,
Ma tant' tire, lire, lo.

Comment ferez-vous ?
Ma tant' tire, lire, lire,
Comment ferez-vous ?
Ma tant' tire, lire, lo.

Nous prendrons vos filles
Ma tant' tire, lire, lire,
Nous prendrons vos filles
Ma tant' tire, lire, lo.

Laquelle prendrez-vous ?
Ma tant' tire, lire, lire,
Laquelle prendrez-vous ?
Ma tant' tire, lire, lo.

Celle que voici,
Ma tant' tire, lire, lire,
Celle que voici,
Ma tant' tire, lire, lo.

Que lui donn'rez-vous ?
Ma tant' tire, lire, lire,
Que lui donn'rez-vous ?
Ma tant' tire, lire, lo.

De jolis bijoux,
Ma tant' tire, lire, lire,
De jolis bijoux,
Ma tant' tire, lire, lo.

Nous n'en voulons pas,
Ma tant' tire, lire, lire,
Nous n'en voulons pas,
Ma tant' tire, lire, lo.

Si tu veux faire mon bonheur

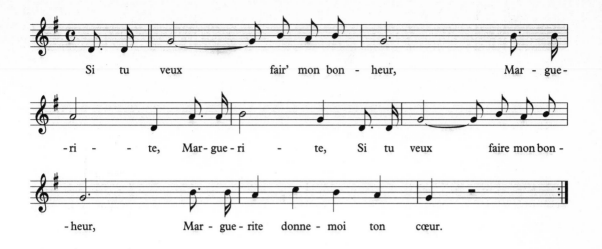

Si tu veux fair' mon bonheur,
Marguerite, Marguerite,
Si tu veux faire mon bonheur,
Marguerite, donne-moi ton cœur.

Marguerite me l'a donné,
Son p'tit cœur (e), son p'tit cœur (e)
Marguerite me l'a donné,
Son p'tit cœur pour un baiser.

Ah ! tu sortiras, Biquette

En Hollande, le petit cochon refuse d'avancer, en Lorraine, le loup ne veut pas sortir du bois… : La désobéissance de tous les personnages d'une même chanson est commune à tous les folklores. Et tous ces personnages appelés à l'aide refusent de punir la désobéissance du précédent. Tout s'inverse brutalement quand la Mort s'empare du dernier personnage.

Bi-quette n'veut pas sor-tir du chou ! Ah ! tu sor-ti-ras, Bi-quette, Bi-quet-te, Ah ! tu sor-ti-ras de ce chou-là !

On en-voie cher-cher le chien, A-fin de mor-dre Bi-quett'. Le chien n'veut pas mor-dre Bi-quett', Bi-quett' ne veut pas sor-tir du chou.

Biquette n'veut pas sortir du chou !
Ah ! tu sortiras, Biquette, Biquette,
Ah ! tu sortiras de ce chou-là !

On envoie chercher le chien,
Afin de mordre Biquett'.
Le chien n'veut pas mordre Biquett',
Biquett' n' veut pas sortir du chou.

On envoie chercher le loup,
Afin de manger le chien.
Le loup n'veut pas
Manger le chien, etc.

On envoie chercher l'bâton,
Afin d'assommer le loup.
L'bâton n'veut pas
Assommer l'loup, etc.

On envoie chercher le feu,
Afin de brûler l'bâton.
Le feu n'veut pas
Brûler l'bâton, etc.

On envoie chercher de l'eau
Afin d'éteindre le feu.
Mais l'eau n'veut pas
Eteindre le feu, etc.

On envoie chercher le veau
Pour lui faire boire l'eau.
Le veau n'veut pas
Boire de l'eau, etc.

On envoie chercher l'boucher,
Afin de tuer le veau.
Le boucher n'veut pas
Tuer le veau, etc.

On envoie chercher le diable,
Pour qu'il emport' le boucher.
Le diable veut bien
Prendre l'boucher,
L'boucher veut bien
Tuer le veau,
Le veau veut bien
Boire de l'eau,
Et l'eau veut bien
Eteindre l'feu,
Le feu veut bien
Brûler l'bâton,
L'bâton veut bien
Assommer l'loup,
Le loup veut bien
Manger le chien,
Le chien veut bien
Mordre Biquette,
Biquette veut bien
Sortir du chou :
Ah ! tu sortiras, Biquette, Biquette,
Ah ! tu sortiras de ce chou-là !

Arlequin dans sa boutique

La chanson, qui était connue de tous les enfants fréquentant les guignols de Paris, remonte au Second Empire. Elle met en scène deux personnages traditionnels de la commedia dell'arte : Polichinelle, le bossu, et le gentil Arlequin. Au milieu du XVIIIe siècle, Arlequin est devenu un personnage populaire du répertoire dramatique en France et fait son apparition parmi les jouets sous la forme d'un pantin articulé.

Ar - le - quin dans sa bou-ti - que Sur les mar - ches du pa - lais. Il en - sei - gne la mu-si - que A tous ses pe - -tits va - lets.

Refrain

Oui, Mon-sieur Po,
Oui, Mon-sieur Li,
Oui, Mon-sieur Chi,
Oui, Mon-sieur Nelle.

Oui, Mon-sieur Po - li - chi-nelle.

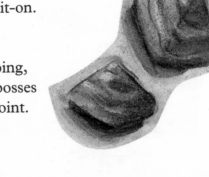

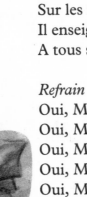

Arlequin dans sa boutique
Sur les marches du palais,
Il enseigne la musique
A tous ses petits valets.

Refrain
Oui, Monsieur Po,
Oui, Monsieur Li,
Oui, Monsieur Chi,
Oui, Monsieur Nelle,
Oui, Monsieur Polichinelle.

Il vend des bouts de réglisse
Meilleurs que votre bâton,
Des bonshommes en pain d'épice
Moins bavards que vous, dit-on.

Il a des pralines grosses
Bien plus grosses que le poing,
Plus grosses que les deux bosses
Qui sont dans votre pourpoint.

Il a de belles oranges
Pour les bons petits enfants,
Et de si beaux portraits d'anges
Qu'on dirait qu'ils sont vivants.

Il ne bat jamais sa femme,
Ce n'est pas comme chez vous,
Comme vous il n'a pas l'âme
Aussi dure que des cailloux.

Vous faites le diable à quatre
Mais pour calmer vot'courroux,
Le diable viendra vous battre,
Le diable est plus fort que vous.

Il court, il court, le furet

Le jeu du furet consiste à faire passer de main en main un anneau enfilé sur une corde et que l'un des joueurs doit découvrir. La chanson du furet accompagne le jeu.

Il court, il court, le fu - ret, Le fu - ret du bois, Mes -

-dames, Il court, il court, le fu - ret, Le fu - ret du bois jo -

FIN

-li. Il est pas - sé par i - ci, Il re - pas - se - ra par là.

Il court, il court, le furet,
Le furet du bois, Mesdames,
Il court, il court, le furet,
Le furet du bois joli.
Il est passé par ici,
Il repassera par là.
Il court, il court, le furet,
Le furet du bois, Mesdames,
Il court, il court, le furet,
Le furet du bois joli.

La Marguerite

Où est la Margue - ri - te ? O gué ! vi - ve la ro - se ! Où

D.C.

est la Margue - ri - te ? O gué ! franc ca - va - lier_____.

Le cavalier s'avance en chantant :
Où est la Marguerite ?
O gué ! vive la rose !
Où est la Marguerite ?
O gué ! franc cavalier.

Le groupe, dansant en rond autour de la
Marguerite, répond :
— Elle est dans son château,
O gué ! vive la rose !
— Elle est dans son château,
O gué ! franc cavalier.

Le cavalier
— Ne peut-on pas la voir ?
O gué ! vive la rose !
— Ne peut-on pas la voir ?
O gué ! franc cavalier.

Le groupe
— Les murs en sont trop hauts.
O gué ! etc.

Le cavalier
— J'en abattrai une pierre,
O gué ! etc.

Il emmène une jeune fille.

Le groupe
— Une pierre ne suffit pas,
O gué ! etc.

Le cavalier
— J'en abattrai deux pierres,
O gué ! etc.

Il emmène une autre jeune fille. Ainsi de suite, jusqu'à la dernière du groupe qui cache la figure de Marguerite avec un mouchoir.

Le cavalier sans chanter :
— Qu'est-ce qu'il y a là-dedans ?

La Marguerite
— Un petit paquet de linge à blanchir.

Le cavalier
— Je vais chercher mon petit couteau pour le couper.

La jeune fille lâche la robe de la Marguerite, qui se lève et s'enfuit. Les autres jeunes filles lui courent après.

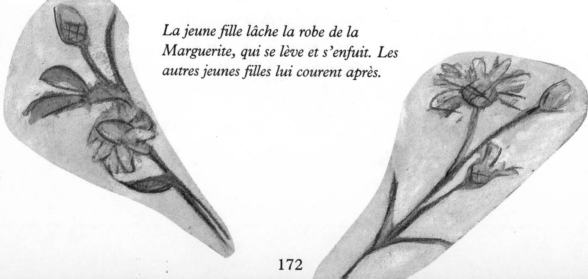

Dors, min p'tit quinquin

Chantée à Paris, en 1855, cette berceuse du chansonnier lillois Desrousseaux, fut très vite transformée, contre le gré de son auteur, en quadrille, en ronde, et l'air fut utilisé aussi pour des satires de tous poils : Bois, mon p'tit chien, chien ! *La chanson fétiche des gens du Nord sera jouée comme marche funèbre le 27 novembre 1892 pour accompagner le chansonnier lillois vers sa dernière demeure.*

« Dors, min p'tit quinquin *(mot d'affection)*,
Min p'tit pouchin *(poussin)*
Min gros rojin ! *(raisin, mot tendre)*
Te m'f'ras du chagrin
Si te n'dors point j'qu'à d'main. »

Ainsi l'aut'jour eun' pauvr' dintellière
In amiclotant *(en berçant)* sin p'tit garchon
Qui, d'puis tros quarts d'heure, n'faijot qu'braire
Tâchot l'indormir par eun' canchon.
Ell'li dijot : « Min Narcisse
D'main t'aras du pain d'épice,
Du chuc *(sucre)* à gogo
Si t'es sache et qu'te fais dodo.

Et si te m'laich' faire eun' bonn' semaine
J'irai dégager tin biau sarrau *(blouse)*
Tin patalon d'drap, tin giliet d'laine,
Comme un p'tit milord, te s'ras farau *(bien mis)* !
J't'acat'rai *(je t'achèterai)*, l'jour d'la ducasse *(fête locale)*,
Un porichinell' cocasse
Un turlututu
Pour juer l'air du Capiau-pointu *(Chapeau pointu)*.

174

Nous irons dins l'cour *(dans la ruelle)* Jeannette-à-Vaques
Vir *(voir)* les marionnett's. Comm' te riras,
Quand t'intindras dire : "Un doup' *(sou)* pou'Jacques ! *(nom de Polichinelle)*"
Pa' l' porichinell' qui parl' magas *(qui zézaye)*
Te li mettras dins s'menotte
Au lieu d'doupe, un rond d'carotte !
Y t'dira : « Merci ! »
Pins' *(pense)* comm' nous arons duplaisi !

Et si par hazard sin maite s'fâche
Ch'est alors, Narciss', que nous rirons
Sans n'avoir invi', j'prindrai m'n air mache
J'li dirai sin nom et ses surnoms
J'li dirai des fariboles
Y m'in répondra des drôles
Infin, un chacun
Verra deux spestac' *(spectacles)* au lieu d'un.

Alors, serr' tes yeux, dors, min bonhomme
J'vas dire eun'prière à Ptit-Jésus
Pour qu'y vienne ichi, pindant tin somme
T'faire' rêver qu'jai les mains plein's d'écus
Pourqu'y t'apporte eun'coquille *(gâteau offert à Noël)*,
Avec du chirop qui guille *(coule)*
Tout l'long d'tin minton
Te pourlèqu'ras tros heur's de long !

L'mos qui vient, d'Saint-Nicolas ch'est l'fête
Pour sûr, au soir, y viendra t'trouver
Y t'f'ra un sermon et t'laich'ra mette
Ind'zous du balot *(tuyau de cheminée)* un grand painnier
Y l'rimplira, si t'es sache
D'séquois *(de choses)* qui t'rindront bénache *(bien aise)*
Sans cha, sin baudet,
T'invoira un grand martinet. »

Ni les marionnett's, ni l'pain d'épice
N'ont produit d'effet. Mais l'martinet
A vit' rappajé *(apaisé)* l'petit Narcisse
Qui craignot d'vir arriver l'baudet
Il a dit s'canchon-dormoire
S'mèr' l'a mis dins s'n ochennoire *(berceau)*
A r'pris sin coussin *(métier ou carreau de dentelle)*
Et répété vingt fos che r'frain :

« Dors, min p'tit quinquin… »

175

Fais dodo, Colas

La mélodie de cette berceuse très connue date probablement du XVIIIᵉ siècle et est chantée dans presque toutes les régions de France. Parfois, les ingrédients changent et Papa fait du nougat plutôt que du chocolat. Il fait aussi des bateaux dans d'autres versions : « Papa est en haut / qui fait des bateaux / pour le p'tit Pierrot / qui fait son dodo. »

Fais do - do, Co-las mon p'tit frè - re Fais do - do, t'au-ras du lo - lo ;

Ma-man est en haut qui fait du gâ - teau, Pa- pa est en bas qui fait du cho-co -

-lat. Fais do - do, Co-las mon p'tit frè - re Fais do - do, t'au-ras du lo - lo.

Fais dodo, Colas mon p'tit frère,
Fais dodo, t'auras du lolo ;
Maman est en haut
Qui fait du gâteau,
Papa est en bas
Qui fait du chocolat.
Fais dodo, Colas mon p'tit frère,
Fais dodo, t'auras du lolo.

On a fait la bouillie
Pour l'enfant qui crie ;
Tant qu'il criera,
Il n'en aura pas.
(Refrain).

Biron

Cette ronde enfantine atteste la persistance du souvenir de Charles de Gontaut-Biron, maréchal de France, favori d'Henri IV, condamné à mort pour avoir conspiré avec l'Espagne contre son maître, et exécuté le 31 juillet 1602. On trouve dans le folklore une complainte sur la mort de Biron dans laquelle — ce qui est historique — Henri IV refuse de gracier son ancien compagnon.

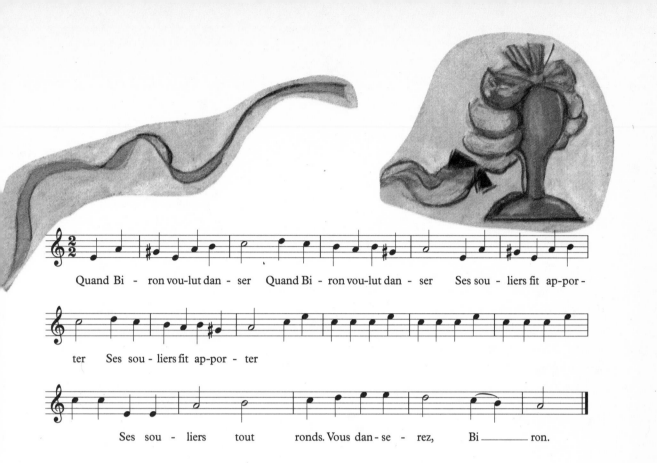

Quand Bi - ron vou-lut dan - ser   Quand Bi - ron vou-lut dan - ser   Ses sou - liers fit ap-por -

ter   Ses sou - liers fit ap-por - ter

Ses sou - liers   tout   ronds. Vous dan - se - rez,   Bi ——— ron.

Quand Biron voulut danser, *(bis)*
Ses souliers fit apporter, *(bis)*
Ses souliers tout ronds.
Vous danserez, Biron.

Quand Biron voulut danser, *(bis)*
Sa perruqu' fit apporter, *(bis)*
Sa perruque
A la turque,
Ses souliers tout ronds.
Vous danserez, Biron.

Quand Biron voulut danser, *(bis)*
Son habit fit apporter ,*(bis)*
Son habit
De p'tit gris,
Sa perruque
A la turque,
Ses souliers tout ronds.
Vous danserez, Biron.

Quand Biron voulut danser, *(bis)*
Sa veste fit apporter, *(bis)*
Sa bell'veste
A paillettes,
Son habit
De p'tit gris,
Sa perruque
A la turque,
Ses souliers tout ronds.
Vous danserez, Biron.

Quand Biron voulut danser, *(bis)*
Sa culotte fit apporter ,*(bis)*
Sa culotte
A la mode,
Sa bell'veste
A paillettes,
Son habit
De p'tit gris,
Sa perruque
A la turque,
Ses souliers tout ronds.
Vous danserez, Biron.

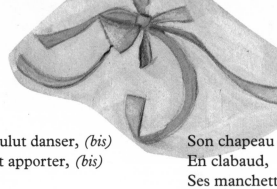

Quand Biron voulut danser, *(bis)*
Ses manchett' fit apporter, *(bis)*
Ses manchettes
Fort bien faites,
Sa culotte
A la mode,
Sa bell'veste
A paillettes,
Son habit
De p'tit gris,
Sa perruque
A la turque,
Ses souliers tout ronds.
Vous danserez, Biron.

Quand Biron voulut danser, *(bis)*
Son chapeau fit apporter, *(bis)*
Son chapeau
En clabaud,
Ses manchettes
Fort bien faites,
Sa culotte
A la mode,
Sa bell'veste
A paillettes,
Son habit
De p'tit gris,
Sa perruque
A la turque,
Ses souliers tout ronds.
Vous danserez, Biron.

Quand Biron voulut danser, *(bis)*
Son épée fit apporter, *(bis)*
Son épée
Effilée,

Son chapeau
En clabaud,
Ses manchettes
Fort bien faites,
Sa culotte
A la mode,
Sa bell'veste
A paillettes,
Son habit
De p'tit gris,
Sa perruque
A la turque,
Ses souliers tout ronds.
Vous danserez, Biron.

Quand Biron voulut danser, *(bis)*
Son violon fit apporter, *(bis)*
Son violon,
Son basson,
Son épée
Effilée,
Son chapeau
En clabaud,
Ses manchettes
Fort bien faites,
Sa culotte
A la mode,
Sa bell'veste
A paillettes,
Son habit
De p'tit gris,
Sa perruque
A la turque,
Ses souliers tout ronds.
Vous danserez, Biron.

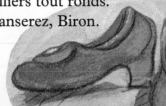

Le 31 du mois d'août

Cette complainte célèbre les exploits, devenus vite légendaires, des corsaires français, tels que Surcouf, qui s'illustrèrent dans les guerres maritimes opposant la France et l'Angleterre tout au long du XVIIIe siècle. Leur gouvernement les autorisait à armer un bateau et à chasser tout bâtiment marchand d'une nation ennemie. A la différence des pirates, ils n'opéraient qu'en temps de guerre et dans la plus stricte légalité.

Le trente et un du mois d'a-oût Nous vîm's ve-
Bu-vons un coup, bu-vons en deux A la san-

-nir soul'vent à nous U-ne fré-ga-te d'An-gle-ter-re Qui
-té des a-mou-reux A la san-té du Roi de Fran-ce, Et

-fen-dait l'air et puis les flots C'é-tait pour al-ler à Bor-deaux.
m...pour le Roi d'An-gle-terre, Qui nous a dé-cla-ré la guerre.

Le 31 du mois d'août
Nous vîm's venir sou l'vent à nous *(bis)*
Une frégate d'Angleterre
Qui fendait l'air et puis les flots
C'était pour aller à Bordeaux.

Refrain
Buvons un coup, buvons en deux
A la santé des amoureux *(bis)*
A la santé du Roi de France,
Et m... pour le Roi d'Angleterre,
Qui nous a déclaré la guerre.

Le commandant du bâtiment
Fit appeler son lieutenant
— Lieutenant, te sens-tu capable
Dis-moi, te sens-tu assez fort
Pour prendre l'Anglais de plein bord ?

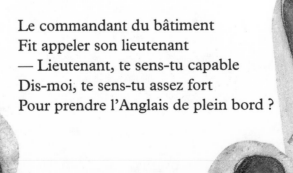

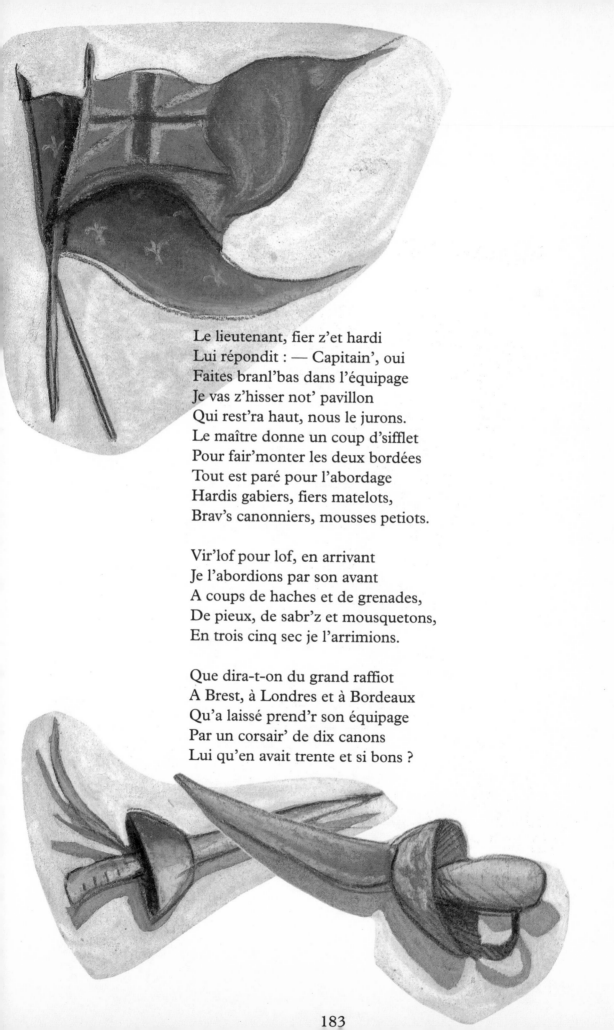

Le lieutenant, fier z'et hardi
Lui répondit : — Capitain', oui
Faites branl'bas dans l'équipage
Je vas z'hisser not' pavillon
Qui rest'ra haut, nous le jurons.
Le maître donne un coup d'sifflet
Pour fair'monter les deux bordées
Tout est paré pour l'abordage
Hardis gabiers, fiers matelots,
Brav's canonniers, mousses petiots.

Vir'lof pour lof, en arrivant
Je l'abordions par son avant
A coups de haches et de grenades,
De pieux, de sabr'z et mousquetons,
En trois cinq sec je l'arrimions.

Que dira-t-on du grand raffiot
À Brest, à Londres et à Bordeaux
Qu'a laissé prend'r son équipage
Par un corsair' de dix canons
Lui qu'en avait trente et si bons ?

En passant près d'un petit bois

Cette chanson qui a aussi pour titre Le peureux *est l'œuvre du baron Fred Barlow (1881-1951), compositeur français d'origine anglaise et alsacienne, et date de 1940.*

En pas - sant près d'un p'tit bois, En pas - sant près d'un p'tit

bois, Où le cou - cou chan - tait Où le cou - cou chan -

-tait ; Dans son jo - li chant di - sait Cou - cou, cou - cou, cou -

-cou, cou - cou ; Et moi qui cro - yais qu'il di - sait : coup' lui le

cou, coup' lui le cou ! Et moi de m'en - cour, cour, cour Et moi de m'en -

-cou - rir Et moi de m'en - cour, cour, cour Et moi de m'en - cou - rir.

En passant près d'un p'tit bois *(bis)*
Où le coucou chantait ; *(bis)*
Et dans son joli chant disait :
— Coucou, coucou *(bis)*
Et moi qui croyais qu'il disait :
— Coup'lui l' cou ! *(bis)*

Refrain
Et moi de m'en cour', cour', cour'
Et moi de m'en courir.
Et moi de m'en cour', cour', cour'
Et moi de m'en courir.

En passant près d'un étang *(bis)*
Où le canard chantait, *(bis)*
Et dans son joli chant disait :
— Cancan, cancan *(bis)*
Et moi qui croyais qu'il disait :
— Jett'le dedans ! Jett' le dedans ! *(bis)*

En passant près d'un moulin *(bis)*
Où un' femme berçait, *(bis)*
Et dans son joli chant disait :
— Dodo, dodo, *(bis)*
Et moi qui croyais qu'ell' disait :
— Jett'le dans l'eau, jett'le dans
l'eau ! *(bis)*

En passant près d'une rivière *(bis)*
Où les pêcheurs pêchaient ; *(bis)*
Et dans leur joli chant disaient :
— Quel beau poisson, quel beau
poisson !
Et moi qui croyais qu'ils disaient :
— Quel polisson ! quel polisson ! *(bis)*

La mère Michel

L'air de cette chanson, connu depuis le XVIIᵉ siècle, est celui d'une chanson de marche, La marche de Catinat, composée après la victoire du maréchal Catinat sur le duc de Savoie à La Marsaille en 1693. Le personnage de la mère Michel apparaît au guignol vers le milieu du XIXᵉ siècle.

C'est la mèr' Mi - chel qui a per - du son chat, Qui crie par la

fe - nêtre qui le lui ren - dra. C'est le pèr' Lus-tu - cru qui lui a ré - pon -

-du : « Al - lez, la mèr' Mi - chel, vot' chat n'est pas per - du ! »

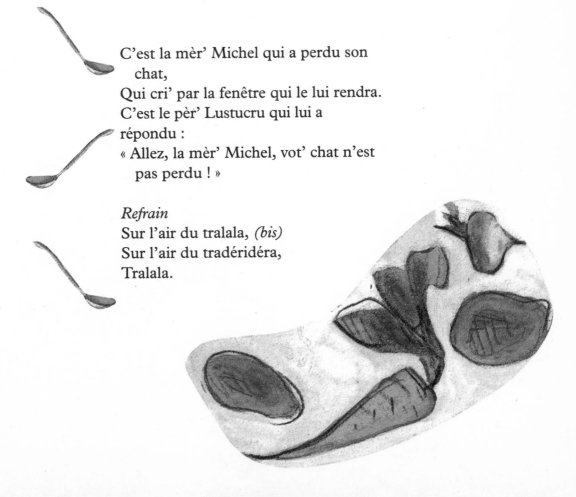

C'est la mèr' Michel qui a perdu son
   chat,
Qui cri' par la fenêtre qui le lui rendra.
C'est le pèr' Lustucru qui lui a
répondu :
« Allez, la mèr' Michel, vot' chat n'est
   pas perdu ! »

Refrain
Sur l'air du tralala, *(bis)*
Sur l'air du tradéridéra,
Tralala.

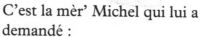

C'est la mèr' Michel qui lui a
demandé :
« Mon chat n'est pas perdu ! Vous
l'avez… donc trouvé ? »
Et l'compère Lustucru qui lui a
répondu :
« Donnez un' récompense, il vous sera
  rendu. »

Et la mèr' Michel lui dit : « C'est
  décidé,
Si vous rendez mon chat, vous aurez un
  baiser. »
Le compèr' Lustucru, qui n'en a pas
  voulu,

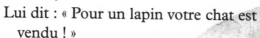

Lui dit : « Pour un lapin votre chat est
  vendu ! »

Derrière chez mon père

Répandue surtout dans la partie Est de la France d'oïl, quoiqu'on la retrouve aussi au Canada, cette chanson est attestée, à peu près sous sa forme actuelle, à partir de 1715.

Der - rièr' chez mon pè - re, Vo-le, vo-le, mon cœur, vo - le !

Der - rièr' chez mon pè - re, Y'a - t'un pom — mier doux _____ . Et

you _____ ! tout doux _____ tout doux _____ . Et

you _____ Y'a — t'un pom — mier doux _____ .

Derrièr' chez mon père,
Vole, vole, mon cœur, vole !
Derrièr' chez mon père,
Y'a-t-un pommier doux.

Trois belles princesses,
Vole, vole, mon cœur, vole !
Trois belles princesses
Sont couchées dessous.

— Ça, dit la première,
Vole, vole, mon cœur, vole !
Ça, dit la première,
Je crois qu'il fait jour.

— Ça, dit la deuxième,
Vole, vole, mon cœur, vole !
Ça, dit la deuxième,
J'entends le tambour.

— Ça, dit la troisième,
Vole, vole, mon cœur, vole !
Ça, dit la troisième,
C'est mon ami doux.

Il va-t-à la guerre,
Vole, vole, mon cœur, vole !
Il va-t-à la guerre,
Combattre pour nous.

S'il gagne bataille,
Vole, vole, mon cœur, vole !
S'il gagne bataille,
Aura mes amours.

Qu'il perde ou qu'il gagne
Vole, vole, mon cœur, vole !
Qu'il perde ou qu'il gagne,
Les aura toujours.

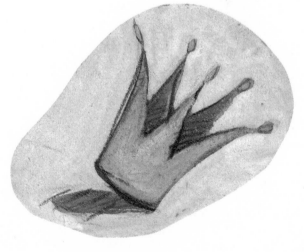

Compère, qu'as-tu vu ?

Intitulée aussi Les mensonges, *ou* Les menteries, *cette chanson relève d'un genre ancien autrefois appelé « coq-à-l'âne » car l'on inventait les couplets en les chantant. La forme dialoguée actuelle était connue dès le milieu du siècle dernier. Le thème est toujours le même : le chanteur prétend — par pure plaisanterie ou sous l'effet de la boisson — avoir vu un animal, souvent travesti en homme, accomplir des actes incongrus ou grotesques.*

Com - père, qu'as - tu vu ?   Com - mère, j'ai bien vu :

J'ai vu un gros bœuf   Dan - sant sur un œuf

Sans en rien cas - ser.   Com - père vous men - tez.

— Compère, qu'as-tu vu ?
— Commère, j'ai bien vu :
J'ai vu un gros bœuf
Dansant sur un œuf
Sans en rien casser.
— Compère vous mentez.

— Compère, qu'as-tu vu ?
— Commère, j'ai bien vu :
J'ai vu une anguille
Qui coiffait sa fille
En haut d'un clocher.
— Compère vous mentez.

J'ai vu une grenouille
Filant sa quenouille
Au bord d'un fossé.

J'ai vu une pie
Qui gagnait sa vie
En faisant des chapelets.

J'ai vu une mouche
Qui se rinçait la bouche
Avec un pavé.

Auprès de ma blonde

Cette ronde enfantine était probablement à l'origine une chanson de soldats que l'allusion aux guerres de Hollande permettrait de faire remonter au XVIIᵉ siècle. On attribue les paroles de cette chanson à un certain André Joubert, originaire de l'île de Noirmoutier, où les Hollandais débarquèrent par surprise en 1672, faisant un grand nombre de prisonniers. Celui-ci aurait écrit cette chanson de retour de captivité, sur un air populaire de la région.

Au jardin de mon père Les li-las sont fleu-ris___ Au jar-din de mon
pè - re Les li - las sont fleu - ris___ Tous les oiseaux du mon - de Y
viennent fai-re leur nid___ Au - près de ma blon - de Qu'il fait bon fait
bon fait bon Au - près de ma blon - de Qu'il fait bon dor- mir___.

Au jardin de mon père
Les lilas sont fleuris *(bis)*
Tous les oiseaux du monde
Y viennent faire leur nid.

Refrain
Auprès de ma blonde
Qu'il fait bon fait bon fait bon
Auprès de ma blonde
Qu'il fait bon dormir.

La caille, la tourterelle,
Et la jolie perdrix *(bis)*
Et ma jolie colombe
Qui chante jour et nuit. *(bis)*

Qui chante pour les filles
Qui n'ont point de mari *(bis)*
Pour moi ne chante guère,
Car j'en ai un joli. *(bis)*

Dites-nous donc, la Belle,
Où est votre mari ? *(bis)*
Il est dans la Hollande,
Les Hollandais l'ont pris. *(bis)*

Que donneriez-vous, Belle,
Pour ravoir votre mari ? *(bis)*
Je donnerais Versailles,
Paris et Saint-Denis, *(bis)*

Les tours de Notre-Dame,
Le clocher de mon pays, *(bis)*
Et ma jolie colombe
Qui chante jour et nuit. *(bis)*

La boulangère a des écus

Cette chanson date du début du XVIIIe siècle. Offenbach en a tiré un opéra-bouffe, donné en 1875, et portant le même titre.

La bou-lan-gère   a   des   é-cus   Qui   ne   lui coû - tent   guè ——— re.

La bou-lan-gère   a   des   é-cus   Qui   ne   lui coû - tent   guè ——— re.

Elle   en a,   je   les   ai vus,   J'ai   vu   la   bou - lan -

-gère   Aux   é - cus,   J'ai   vu   la bou - lan - gè ——— re.

La boulangère a des écus
Qui ne lui coûtent guère.   }(bis)
Elle en a, je les ai vus,
J'ai vu la boulangère
Aux écus,
J'ai vu la boulangère.

— D'où viennent tous ces écus,
Charmante boulangère ?   }(bis)
— Ils me viennent d'un gros Crésus
Dont je fais bien l'affaire,
Vois-tu,
Dont je fais bien l'affaire.

A mon four aussi sont venus
De galants militaires.   }(bis)
Mais je préfère les Crésus
A tous les gens de guerre,
Vois-tu,
A tous les gens de guerre.

Des petits maîtres sont venus
En me disant : « Ma chère,   }(bis)
Vous êtes plus belle que Vénus. »
Je n'les écoutai guère,
Vois-tu,
Je n'les écoutai guère.

Des abbés coquets sont venus
Ils m'offraient pour me plaire   }*(bis)*
Des fleurettes au lieu d'écus.
Je les envoyai faire,
Vois-tu,
Je les envoyai faire.

— Moi, je ne suis pas un Crésus
Abbé ni militaire.   }*(bis)*
Mais mes talents sont bien connus ;
Boulanger de Cythère,
Vois-tu,
Boulanger de Cythère.

Je pétrirai le jour venu
Notre pâte légère.   }*(bis)*
Et la nuit, au four assidu,
J'enfournerai, ma chère,
Vois-tu,
J'enfournerai, ma chère.

— Eh bien ! épouse ma vertu,
Travaill' de bonn'manière.   }*(bis)*
Et tu ne seras pas déçu
Avec la boulangère
Aux écus !
Avec la boulangère.

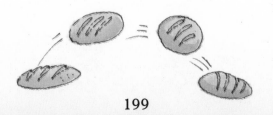

La barbichette

Je te tiens Tu me tiens, Par la bar-bi-chet — te. Le pre-

-mier De nous deux Qui ri-ra Au-ra une ta — pette.

Je te tiens
Tu me tiens,
Par la barbichette.
Le premier
De nous deux
Qui rira
Aura une tapette.

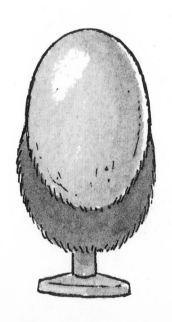

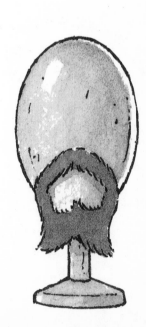

Il était un petit homme

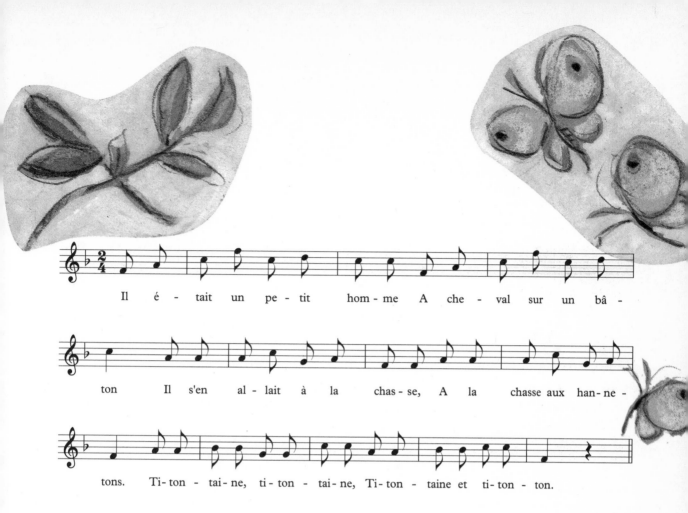

Il é - tait un pe - tit hom - me A che - val sur un bâ -
ton Il s'en al - lait à la chas - se, A la chasse aux han - ne -
tons. Ti - ton - tai - ne, ti - ton - tai - ne, Ti - ton - taine et ti - ton - ton.

Il était un petit homme
A cheval sur un bâton ;
Il s'en allait à la chasse,
A la chasse aux hannetons.

Refrain
Ti tontaine, ti tontaine,
Ti tontaine et ti tonton.

Il s'en allait à la chasse,
A la chasse aux-z-hannetons ;
Quand il fut sur la montagne,
Il partit un coup d'canon.

Quand il fut sur la montagne,
Il partit un coup d'canon ;
Il en eut si peur tout d'même,
Qu'il tomba sur ses talons !

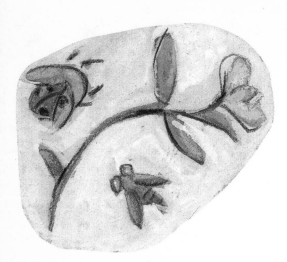

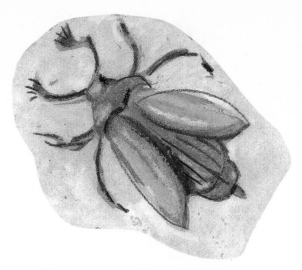

Il en eut si peur tout d'même,
Qu'il tomba sur ses talons !
Tout's les dames du villag'
Lui portèrent des bonbons.

Tout's les dames du villag'
Lui portèrent des bonbons ;
Je vous remerci', mesdames,
De vous et de vos bonbons !

Je vous remerci', mesdames,
De vous et de vos bonbons ;
Quand vous pass'rez à la vill',
N'oubliez pas not' maison.

Quand vous pass'rez à la vill',
J'vous fricass'rai dans la cass'
Des mouch's et des hannetons.

La Paimpolaise

Cette chanson, créée par Théodore Botrel en 1895 et mise en musique par Emile Feautrier en 1895, est dédiée aux pêcheurs d'Islande, et fut mise à la mode par Pierre Loti. L'auteur a opéré des modifications au fil des ans. Retenons celle concernant la peau de la Paimpolaise, remplacée par sa coiffe, pour éviter le jeu de mots : « peau de lapin ».

Quit - tant ses ge - nêts et sa lan - de Quand le Bre - ton se fait ma -
En al - lant aux pê-ches d'Is - lan - de Voi - ci quel est le doux re

-rin, frain Que le pau-vre gars Fre-don-ne tout bas _____ : J'ai-me

Paim - pol et sa fa - lai - se, Son é - glise et son grand par -
sur - tout la Paim-po - lai - se Qui m'at - tend au

-don _____ , J'ai - me pa - ys bre - ton _____ !

Quittant ses genêts et sa lande
Quand le Breton se fait marin,
En allant aux pêches d'Islande
Voici quel est le doux refrain
Que le pauvre gars
Fredonne tout bas :
— J'aime Paimpol et sa falaise,
Son église et son grand pardon,
J'aime surtout la Paimpolaise
Qui m'attend au pays breton !

Quand leurs bateaux quittent nos rives
Le curé leur dit :
— Mes bons fieux,
Priez souvent Monsieur saint Yves
Qui nous voit, des cieux toujours bleus.
Et le pauvre gars
Fredonne tout bas :
— Le ciel est moins bleu, n'en déplaise
A saint Yvon, notre Patron,
Que les yeux de la Paimpolaise
Qui m'attend au pays breton !

Guidé par la petite étoile
Le vieux patron, d'un air très fin,
Dit souvent que sa blanche voile
Semble l'aile d'un séraphin...
Et le pauvre gars
Fredonne tout bas :
— Ta voilure, mon vieux Jean-Blaise,
Est moins blanche, au mât d'artimon,
Que la coiffe à la Paimpolaise
Qui m'attend au pays breton !

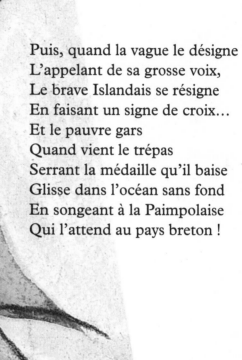

Puis, quand la vague le désigne
L'appelant de sa grosse voix,
Le brave Islandais se résigne
En faisant un signe de croix...
Et le pauvre gars
Quand vient le trépas
Serrant la médaille qu'il baise
Glisse dans l'océan sans fond
En songeant à la Paimpolaise
Qui l'attend au pays breton !

Le fermier
dans son pré

Le fer - mier dans son pré Le fer - mier dans son pré O -
hé ! o - hé ! o - hé ! le fer - mier dans son pré.

Le fermier dans son pré *(bis)*
Ohé ! ohé ! ohé ! le fermier dans son pré.

Le fermier prend sa femme *(bis)*
Ohé ! ohé ! ohé ! le fermier prend sa femme.

La femme prend son enfant.

L'enfant prend sa nourrice.

La nourrice prend son chien.

Le chien prend son p'tit chat.

Le chat prend la souris.

La souris prend l'fromage.

Le fromage est battu.

Il était un petit navire

L'histoire de cette chanson, qui ne connaît pas moins de 25 variantes, tantôt comiques, tantôt tragiques, se rattache à la légende du vaisseau fantôme mystérieusement condamné à ne jamais accoster. La tragédie de l'équipage affamé condamné au cannibalisme se retrouve dans deux versions de cette chanson, datant du XVIIIe siècle, l'une danoise, et l'autre islandaise.

Il é-tait un pe-tit na-vi - re Il é-tait un pe-tit na-vi -

-re Qui n'a-vait ja - ja - ja-mais na-vi-gué Qui n'a-vait ja-ja -

ja-mais na-vi-gué O-hé! O - hé! O - hé! O - hé! Ma-te-

-lot, Ma-te-lot na-vi-gue sur les flots _____ O - hé! O-

-hé! Ma - te - lot, Ma-te-lot na-vi-gue sur les flots.

Il était un petit navire *(bis)*
Qui n'avait ja-ja-jamais navigué. *(bis)*
Ohé ! Ohé !

Refrain :
Ohé ! Ohé ! Matelot,
Matelot navigue sur les flots
Ohé ! Ohé ! Matelot,
Matelot navigue sur les flots.

Il partit pour un long voyage *(bis)*
Sur la mer Mé-Mé-Méditerranée, *(bis)*
Ohé ! Ohé !

Au bout de cinq à six semaines, *(bis)*
Les vivres vin-vin-vinrent à manquer, *(bis)*
Ohé ! Ohé !

On tira-z-à la courte paille, *(bis)*
Pour savoir qui-qui-qui serait mangé, *(bis)*
Ohé ! Ohé !

Le sort tomba sur le plus jeune, *(bis)*
C'est donc lui qui-qui-qui sera mangé,
(bis)
Ohé ! Ohé !

On cherche alors à quelle sauce, *(bis)*
Le pauvre enfant-fant-fant sera mangé, *(bis)*
Ohé ! Ohé !

L'un voulait qu'on le mît à frire, *(bis)*
L'autre voulait-lait-lait le fricasser, *(bis)*
Ohé ! Ohé !

Pendant qu'ainsi l'on délibère, *(bis)*
Il monte en haut-haut-haut du grand
    hunier, *(bis)*
Ohé ! Ohé !

Il fait au ciel une prière, *(bis)*
Interrogeant-geant-geant l'immensité, *(bis)*
Ohé ! Ohé !

Mais regardant la mer entière, *(bis)*
Il vit des flots-flots-flots de tous côtés, *(bis)*
Ohé ! Ohé !

Oh ! Sainte Vierge ma patronne, *(bis)*
Cria le pau-pau-pauvre infortuné, *(bis)*
Ohé ! Ohé !

Si j'ai péché, vite pardonne, *(bis)*
Empêche-les de-de-de me manger, *(bis)*
Ohé ! Ohé !

Au même instant un grand miracle, *(bis)*
Pour l'enfant fut-fut-fut réalisé, *(bis)*
Ohé ! Ohé !

Des p'tits poissons dans le navire, *(bis)*
Sautèrent par-par-par et par milliers, *(bis)*
Ohé ! Ohé !

On les prit, on les mit à frire, *(bis)*
Le jeune mou-mou-mousse fut sauvé, *(bis)*
Ohé ! Ohé !

Si cette histoire vous amuse, *(bis)*
Nous allons la-la-la recommencer, *(bis)*
Ohé ! Ohé !

Le Chevalier du guet

Au XIIIᵉ siècle, un groupe de sergents (le guet), sous les ordres d'un chevalier, le chevalier du guet, veillait à la sécurité dans les rues de Paris. Ce chevalier, privilégié auprès du roi, était très courtisé par les belles pour lesquelles il était avant tout « compagnon de la marjolaine », c'est-à-dire un grand séducteur (la marjolaine étant associée traditionnellement dans les chansons aux préludes de l'amour, comme la rose ou le muguet).

Qu'est-ce qui se passe i - ci si tard ? Com - pa - gnons de la Mar - jo -

-lai - ne ; Qu'est-ce qui se passe i - ci si tard ? Gai, gai, des-sus le quai.

Les Compagnons
Qu'est-ce qui passe ici si tard ?
Compagnons de la Marjolaine ;
Qu'est-ce qui passe ici si tard ?
Gai, gai, dessus le quai.

Le Chevalier
C'est le Chevalier du guet,
Compagnons de la Marjolaine ;
C'est le Chevalier du guet,
Gai, gai, dessus le quai.

Les Compagnons
Que demand' le Chevalier ?
Compagnons de la Marjolaine ;
Que demand' le Chevalier ?
Gai, gai, dessus le quai.

Le Chevalier
Une fille à marier,
Compagnons de la Marjolaine ;
Une fille à marier,
Gai, gai, dessus le quai.

Les Compagnons
N'y a pas de fill' à marier,
Compagnons de la Marjolaine ;
N'y a pas de fill' à marier,
Gai, gai, dessus le quai.

Le Chevalier
On m'a dit qu'vous en aviez,
Compagnons de la Marjolaine ;
On m'a dit qu'vous en aviez,
Gai, gai, dessus le quai.

Les Compagnons
Ceux qui l'ont dit s'sont trompés,
Compagnons de la Marjolaine ;
Ceux qui l'ont dit s'sont trompés,
Gai, gai, dessus le quai.

Le Chevalier
Je veux que vous m'en donniez,
Compagnons de la Marjolaine ;
Je veux que vous m'en donniez,
Gai, gai, dessus le quai.

Les Compagnons
Sur les onze heur' repassez,
Compagnons de la Marjolaine ;
Sur les onze heur' repassez,
Gai, gai, dessus le quai.

Le Chevalier
Les onze heur' sont bien passées,
Compagnons de la Marjolaine ;
Les onze heur' sont bien passées,
Gai, gai, dessus le quai.

Gugusse

C'est   Gu - gusse a - vec son   vio - lon   Qui fait dan - ser les fil - les   Qui

fait dan-ser les fil - les   C'est Gu-gusse a-vec   son vio - lon   Qui   fait dan-ser les filles Et

les gar-çons.   Mon pa-pa   Ne veut pas   Que je dan-se, que je dan-se, Mon pa-pa

Ne veut pas   que je dan-se   la pol-ka.   Il di - ra   Ce qu'il vou-dra,   Moi je dan-se,

moi   je dan-se,   Il di - ra   Ce qu'il vou-dra,   Moi   je dan-se la pol - ka.

C'est Gugusse avec son violon
Qui fait danser les filles *(bis)*
C'est Gugusse avec son violon
Qui fait danser les filles
Et les garçons.
Mon papa
Ne veut pas
Que je danse, que je danse,

Mon papa
Ne veut pas que je danse la polka.
Il dira
Ce qu'il voudra,
Moi je danse, moi je danse,
Il dira
Ce qu'il voudra,
Moi je danse la polka.

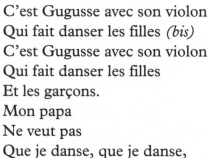

Mon père
m'a donné un mari

Cette chanson est consacrée aux filles mariées contre leur gré (les « maumariées ») et qui s'accommodent mal d'un mari décevant. Le thème des époux mal assortis a donné lieu à un grand nombre de chansons, comme celle-ci dont la mélodie date de 1846.

Mon père m'a donné un mari,
Mon Dieu, quel homme,
quel petit homme !
Mon père m'a donné un mari,
Mon Dieu, quel homme,
qu'il est petit !

Je l'ai perdu dans mon grand lit,
Mon Dieu, quel homme,
quel petit homme !
Je l'ai perdu dans mon grand lit,
Mon Dieu, quel homme,
qu'il est petit !

J' pris un' chandelle et le cherchis,
Mon Dieu, quel homme,
quel petit homme !
J' pris un' chandelle et le cherchis,
Mon Dieu, quel homme,
qu'il est petit !

A la paillasse le feu prit,
Mon Dieu, quel homme,
quel petit homme !
A la paillasse le feu prit,
Mon Dieu, quel homme,
qu'il est petit !

Je trouvai mon mari rôti,
Mon Dieu, quel homme,
quel petit homme !
Je trouvai mon mari rôti,
Mon Dieu, quel homme,
qu'il est petit !

Sur une assiette je le mis,
Mon Dieu, quel homme,
quel petit homme !
Sur une assiette je le mis,
Mon Dieu, quel homme,
qu'il est petit !

Le chat l'a pris pour un'souris,
Mon Dieu, quel homme,
quel petit homme !
Le chat l'a pris pour un'souris,
Mon Dieu, quel homme,
qu'il est petit !

Au chat, au chat, c'est mon mari !
Mon Dieu, quel homme,
quel petit homme !
Au chat, au chat, c'est mon mari,
Mon Dieu, quel homme,
qu'il est petit !

Fillett' qui prenez un mari,
Mon Dieu, quel homme,
quel petit homme !
Fillett' qui prenez un mari,
Mon Dieu, quel homme,
qu'il est petit !

Ne le prenez pas si petit !
Mon Dieu, quel homme,
quel petit homme !
Ne le prenez pas si petit,
Mon Dieu, quel homme,
qu'il est petit !

Ils étaient trois petits enfants

Cette chanson s'inspire de la Vie de Saint Nicolas, légende du XIIIᵉ siècle qui relate le miracle de saint Nicolas, patron des enfants, qui sauva de la damnation un boucher meurtrier, poussé par sa femme cupide. Gérard de Nerval entendit cette complainte en Valois et la mit à la mode dans les salons parisiens vers 1840.

Ils é - taient trois petits en - fants Quis'en al - laient glaner aux champs.

Tant sont al - lés, tant sont ve - nus, Que sur le

soir se — sont per - dus. S'en sont al - lés chez un bou -

cher _____ . « Bou-cher, vou - drais-tu nous lo - ger ? »

Ils étaient trois petits enfants
Qui s'en allaient glaner aux champs.
Tant sont allés, tant sont venus,
Que sur le soir se sont perdus.
S'en sont allés chez un boucher.
« Boucher, voudrais-tu nous loger ? »

Ils n'étaient pas sitôt entrés
Que le boucher les a tués.
Les a coupés en pt'its morceaux.
Mis au saloir comme pourceaux.

Saint Nicolas, au bout d'sept ans,
Vint à passer dedans ce champ.
Alla frapper chez le boucher :
« Boucher, voudrais-tu me loger ?

— Entrez, entrez, saint Nicolas.
Il y a d'la place, il n'en manqu' pas. »
Il n'était pas sitôt entré
Qu'il a demandé à souper.

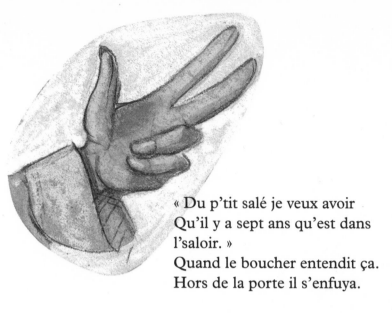

« Du p'tit salé je veux avoir
Qu'il y a sept ans qu'est dans
l'saloir. »
Quand le boucher entendit ça.
Hors de la porte il s'enfuya.

« Boucher, boucher, ne t'enfuis pas ;
Repens-toi, Dieu t'pardonnera. »
Saint Nicolas alla s'asseoir
Dessus le bord de ce saloir.

« Petits enfants qui dormez là,
Je suis le grand saint Nicolas. »
Et le saint étendit trois doigts :
Les p'tits se lèvent tous les trois.

Le premier dit : « J'ai bien dormi. »
Le second dit : « Et moi aussi. »
Et le troisième répondit :
« Je me croyais au paradis. »

La Carmagnole

Les paroles de cette chanson, dont le nom vient d'une danse piémontaise du village de Carmagnola, furent composées au lendemain de la chute de Louis XVI. La Carmagnole fut un des chants les plus répandus de la Révolution. Elle devint, sous la Terreur, l'accompagnement habituel des exécutions à la guillotine.

1. Ma - dam' Ve-to a - vait promis, Ma-dam' Ve-to a - vait pro-
De faire é-gor - ger tout Pa-ris De faire é-gor - ger tout Pa-

- mis

Refrain

-ris Mais son coup a man-qué Grâce à nos ca - non niers. Dan -

-sons la car - ma gno - le, Vi-ve le son, vi-ve le son, Dan -

-sons la car - ma - gno - le, Vi-ve le son du ca - non !

Madam' Veto avait promis *(bis)*
De faire égorger tout Paris *(bis)*
Mais son coup a manqué
Grâce à nos canonniers.

Refrain
Dansons la carmagnole,
Vive le son, vive le son
Dansons la carmagnole
Vive le son du canon !

Monsieur Veto avait promis *(bis)*
D'être fidèle à son pays *(bis)*
Mais il y a manqué
Ne faisons plus quartier.

Les Suisses avaient promis *(bis)*
Qu'ils feraient feu sur nos amis *(bis)*
Mais comme ils ont sauté
Comme ils ont tous sauté !

Le patriote a pour amis *(bis)*
Tous les bonnes gens du pays *(bis)*
Mais ils se soutiendront
Tous au son du canon.

Amis, restons toujours unis : *(bis)*
Ne craignons pas nos ennemis *(bis)*
S'ils vienn't nous attaquer
Nous les ferons attaquer.

Le pastouriau

Cette ancienne chanson du Berry date probablement du XVIᵉ siècle.

Quand j'é - tais chez mon pè - re Ap-pren - ti pas - tou -riau, Il m'a mis dans la lan - de Pour gar - der les trou -piaux.

Refrain

Trou - piaux, trou - piaux, Je n'en —a - vais guè - re, Trou - piaux, trou - piaux, Je n'en—a - vais biaux.

Quand j'étais chez mon père
Apprenti pastouriau,
Il m'a mis dans la lande
Pour garder les troupiaux.

Refrain
Troupiaux, troupiaux,
Je n'en avais guère,
Troupiaux, troupiaux,
Je n'en avais biaux.

Mais je n'en avais guère,
Je n'avais qu'trois agneaux
Et le loup de la plaine
M'a mangé le plus biau.

Il était si vorace
N'a laissé que la piau,
N'a laissé que la queue,
Pour mettre à mon chapiau.

Mais des os de la bête,
Me fis un chalumiau,
Pour jouer à la fête,
A la fêt' du hamiau.

Pour fair'danser l'village
Dessous le grand ormiau,
Et les jeun's et les vieilles,
Les pieds dans les sabiots.

Joli tambour

D'après l'allusion possible à Marie-Thérèse couronnée reine de Hongrie à Presbourg en septembre 1741, on peut déduire la date de naissance de cette chanson de marche caractéristique du répertoire militaire de l'ancienne monarchie par son mélange de féerie, de sentiment et d'ironie.

Jo - li tam - bour s'en re - vient de la guer - re Jo-
-li tam - bour s'en re - vient de la guer——re Ran, ran,
ran pa ta plan ! S'en re - vient de la guer——re.

FIN

Joli tambour s'en revient de la guerre
(bis),
Ran, ran, ran pataplan !
S'en revient de la guerre.

La fill' du roi s'est mise à sa fenêtre
(bis)
Ran, ran, ran pataplan !
S'est mise à sa fenêtre.

Dans sa main droite elle tient une rose
(bis)
Ran, ran, ran pataplan !
Elle tient une rose.

— Fille du roi, veux-tu m'donner ta
rose *(bis)*
Ran, ran, ran pataplan !
Veux-tu m'donner ta rose ?

— Joli tambour, demand' la-z-à mon
père *(bis)*
Ran, ran, ran pataplan !
Demand' la-z-à mon père.

— Sire, mon roi, veux-tu m'donner ta
fille ? *(bis)*
Ran, ran, ran pataplan !
Veux-tu m'donner ta fille ?

— Joli tambour, quelle est donc ta
fortune ? *(bis)*
Ran, ran, ran pataplan !
Quelle est donc ta fortune ?

— Sire, mon roi, ma caisse et mes
baguettes *(bis)*
Ran, ran, ran pataplan !
Ma caisse et mes baguettes.

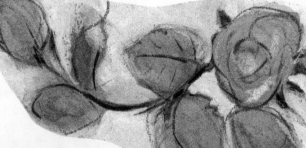

— Joli tambour, tu n'es pas assez riche *(bis)*,
Ran, ran, ran pataplan !
Tu n'es pas assez riche.

— J'ai bien aussi des châteaux par douzaines *(bis)*,
Ran, ran, ran pataplan !
Des châteaux par douzaines.

J'ai trois vaisseaux dessus la mer jolie *(bis)*
Ran, ran, ran pataplan !
Dessus la mer jolie.

L'un est en or, l'autre en argenterie *(bis)*
Ran, ran, ran pataplan !
L'autre en argenterie.

Le troisièm' c'est pour embarquer ma mie *(bis)*
Ran, ran, ran pataplan !
Pour embarquer ma mie.

— Joli tambour, dis-moi, quel est ton père *(bis)*
Ran, ran, ran pataplan !
Dis-moi, quel est ton père.

— Sire, mon roi, c'est l'empereur Auguste *(bis)*,
Ran, ran, ran pataplan !
C'est l'empereur Auguste.

— Joli tambour, je te donne ma fille *(bis)*
Ran, ran, ran pataplan !
Je te donne ma fille.

— Sire mon roi, j'fai fi d'toi et d'ta fille *(bis)*
Ran, ran, ran pataplan !
J'fai fi d'toi et d'ta fille.

Dans mon pays, y en a de plus jolies *(bis)*
Ran, ran, ran pataplan !
Y en a de plus jolies.

Y en a des blond' et des brunes aussi *(bis)*
Ran, ran, ran pataplan !
Et des brunes aussi.

La mist'en laire

C'est en 1612 qu'apparut pour la première fois cette chanson qui énumérait tous les instruments de musique de l'époque et se terminait alors de façon fort coquine.

Bon - hom - me, bon - hom —— me   Que sa - vez - vous fai —— re ?

Sa - vez - vous   jou - er   de   la mist'en   lai —— re ?   Lai - re, lai - re,

-lai - re,   de   la mist'en   lai - re ?   Lai - re, lai - re,   lai - re,

de   la mist'en   lai - re ?   Ah ! ah !   ah !   que sa - vez - vous   fai —— re ?

Bonhomme, bonhomme
Que savez-vous faire ?
Savez-vous jouer de la mist'en laire ?
Laire, laire, laire, de la mist'en laire ?
Ah ! ah ! ah ! que savez-vous faire ?

Bonhomme, bonhomme,
Que savez-vous faire ?
Savez-vous jouer de la mist'en flûte ?
Flûte, flûte, flûte, de la mist'en flûte ?
Laire, laire, laire, de la mist'en laire
Ah ! ah ! ah ! que savez-vous faire ?

Savez-vous jouer de la mist'en viole ?
Savez-vous jouer de la mist'amboure ?
Savez-vous jouer de la mist'en lyre...

Nous n'irons plus au bois

Cette version connut une très grande popularité à la cour de Versailles dès le XVIIIᵉ siècle. Le bois, le jardin, la fleur à cueillir et le rossignol sont fréquents dans le répertoire des chansons d'amour.

Nous n'i-rons plus au bois, Les lau-riers sont cou —— pés ; La bel-le que voi -
-là, La laiss'-rons - nous dan —— ser ? En - trez dans la dan - se
Vo - yez, comme on dan - se. Sau - tez, dan - sez, Em-bras-sez qui vous vou-drez.

Nous n'irons plus au bois,
Les lauriers sont coupés ;
La belle que voilà,
La laiss'rons-nous danser ?

Refrain
Entrez dans la danse
Voyez, comme on danse.
Sautez, dansez,
Embrassez qui vous voudrez.

La belle que voilà,
La laiss'rons-nous danser ?
Mais les lauriers du bois
Les laisserons-nous faner ?

Mais les lauriers du bois
Les laisserons-nous faner ?
Non, chacune à son tour
Ira les ramasser.

Non, chacune à son tour
Ira les ramasser.
Si la cigale y dort,
Ne faut pas la blesser.

Si la cigale y dort,
Ne faut pas la blesser.
Le chant du rossignol
La viendra réveiller.

Le chant du rossignol
La viendra réveiller.
Et aussi la fauvette
Avec son doux gosier.

Et aussi la fauvette
Avec son doux gosier.
Et Jeanne, la bergère,
Avec son blanc panier.

Et Jeanne, la bergère,
Avec son blanc panier,
Allant cueillir la fraise
Et la fleur d'églantier.

Allant cueillir la fraise
Et la fleur d'églantier ;
Cigale, ma cigale,
Allons, il faut chanter.

Cigale, ma cigale,
Allons, il faut chanter,
Car les lauriers du bois
Sont déjà repoussés.

Il était un petit homme, Pirouette

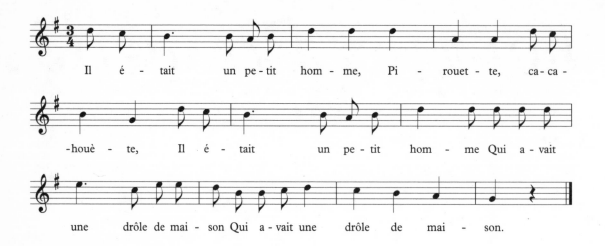

Il était un petit homme,
Pirouette, cacahouète,
Il était un petit homme,
Qui avait une drôle de maison. *(bis)*

La maison est en carton,
Pirouette, cacahouète,
La maison est en carton,
Les escaliers sont en papier. *(bis)*

Si vous voulez y monter…
Vous vous casserez le bout du nez.

Le facteur y est monté…
Il s'est cassé le bout du nez.

On lui a raccomodé…
Avec du joli fil doré.

Le beau fil (e) s'est cassé…
Le bout du nez s'est envolé.

Un avion à réaction…
A rattrapé le bout du nez.

Mon histoire est terminée…
Messieurs, Mesdames, applaudissez !

Polichinelle

Avec ses deux bosses, son nez crochu et sa voix rauque, Polichinelle est très populaire. Jusqu'à la Première Guerre mondiale, Polichinelle sera le jouet traditionnellement offert aux petits garçons pour les étrennes du Nouvel An. Les fillettes, elles, ne devaient point jouer avec une poupée aussi laide.

Pan ! Qui est-ce qu'est là ? C'est Po - li - chinelle mam' zel - le

FIN

Pan ! Qui est-ce qu'est là ? C'est Po - li - chinelle que v'là.

Il est mal fait Et craint de vous dé - plai - re.

D.C.

Mais il es - pè - re Vous chan - ter son cou - plet.

Toujours joyeux
Il aime fort la danse
Il se balance
D'un petit air gracieux.
Pan ! Qui est-ce qu'est là ?
C'est Polichinelle mam'zelle
Pan ! Qui est-ce qu'est là ?
C'est Polichinelle que v'là.

Le bon roi Dagobert

Ce roi peu connu et dont l'histoire nous apprend qu'il était loin d'être aussi bonasse que ne le dit la chanson, vécut dans la première moitié du VIIe siècle et eut pour ministre saint Éloi, habile orfèvre qui confectionna pour lui un trône d'or massif sur lequel le roi Dagobert siégeait les jours de fête. La chanson fut écrite à la fin de l'Ancien Régime pour railler, à travers Dagobert, le roi Louis XVI que l'on trouvait nonchalant et indécis.

Le bon roi Da - go - bert A - vait sa cu-lotte à l'en - vers. Le grand

saint É -loi Lui dit : «Ô mon roi ! Vo-tre Ma - jes-té est mal cu - lot-tée. C'est

D.C.

vrai, lui dit le roi, Je vais la re-mettre à l'en - droit _____ .»

Le bon roi Dagobert
Avait sa culotte à l'envers.
Le grand saint Eloi
Lui dit : « Ô mon roi !
Votre Majesté est mal culottée.
— C'est vrai, lui dit le roi,
Je vais la remettre à l'endroit. »

Le bon roi Dagobert
Chassait dans la plaine d'Anvers.
Le grand saint Eloi
Lui dit : « Ô mon roi !
Votre Majesté est bien essoufflée.
— C'est vrai, lui dit le roi,
Un lapin courait après moi. »

Le bon roi Dagobert
Voulait s'embarquer sur la mer.
Le grand saint Eloi
Lui dit : « Ô mon roi !
Votre Majesté se fera noyer.
— C'est vrai, lui dit le roi,
On pourra crier : le roi boit ! »

Le bon roi Dagobert
Mangeait en glouton du dessert.
Le grand saint Eloi
Lui dit : « Ô mon roi !
Vous êtes gourmand,
Ne mangez pas tant.
— C'est vrai, lui dit le roi,
Je ne le suis pas tant que toi.

Le bon roi Dagobert
Avait un grand sabre de fer.
Le grand saint Eloi
Lui dit : « Ô mon roi !
Votre Majesté
Pourrait se blesser.
— C'est vrai, lui dit le roi,
Qu'on me donne un sabre de bois. »

Le bon roi Dagobert
Se battait à tort, à travers.
Le grand saint Eloi
Lui dit : « Ô mon roi !
Votre Majesté
Se fera tuer.
— C'est vrai, lui dit le roi,
Mets-toi vite devant moi. »

Quand Dagobert mourut,
Le diable aussitôt accourut.
Le grand saint Eloi
Lui dit : « Ô mon roi !
Satan va passer,
Faut vous confesser.
— Hélas ! dit le bon roi,
Ne pourrais-tu mourir pour moi ? »

Jeanneton prend sa faucille

Cette ronde caractérisée par sa malicieuse drôlerie nous vient de Rethel, en Champagne, et date du XVIIᵉ siècle.

Jean - ne - ton   prend sa   fau - cille   La - ri - ret - te   la - ri -

-ret - te _____ Pour al - ler   cou - per du jonc.

Jeanneton prend sa faucille
Larirette larirette
Jeanneton prend sa faucille
Pour aller couper du jonc.

En chemin elle rencontre
Larirette larirette
En chemin elle rencontre
Quatre jeunes et beaux garçons.

Le premier un peu timide
Larirette larirette
Le premier un peu timide
La traita de laideron.

Le deuxième pas très sage
Larirette larirette
Le deuxième pas très sage
Lui caressa le menton.

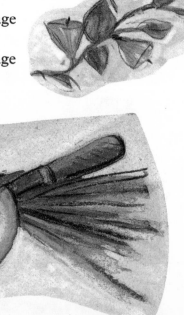

Le troisième encore moins sage
Larirette larirette
Le troisième encore moins sage
La poussa sur le gazon.

Ce que fit le quatrième
Larirette larirette
Ce que fit le quatrième
N'est pas dit dans la chanson.

Vous voulez l'savoir, Mesdames,
Larirette larirette
Vous voulez l'savoir, Mesdames,
Faut aller couper du jonc.

Il était un p'tit cordonnier

Cette chanson folklorique de Haute-Bretagne se retrouve avec des variantes également dans le Nord et dans le Berry.

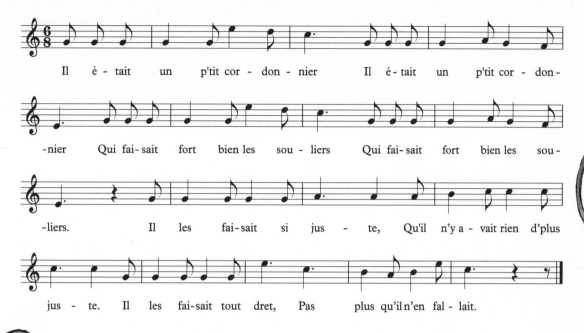

Il é - tait un p'tit cor - don - nier Il é - tait un p'tit cor - don -

-nier Qui fai - sait fort bien les sou - liers Qui fai - sait fort bien les sou -

-liers. Il les fai - sait si jus - te, Qu'il n'y a - vait rien d'plus

jus - te. Il les fai - sait tout dret, Pas plus qu'il n'en fal - lait.

Il était un p'tit cordonnier
Il était un p'tit cordonnier
Qui faisait fort bien les souliers
Qui faisait fort bien les souliers.
Il les faisait si juste,
Qu'il n'y'avait rien d'plus juste.
Il les faisait tout dret,
Pas plus qu'il n'en fallait.

Quand à la ville il s'en allait
Quand à la ville il s'en allait
Son petit cuir il achetait
Son petit cuir il achetait.
Il l'achetait si juste
Qu'il n'y'avait rien d'plus juste.
Il l'achetait tout dret,
Pas plus qu'il n'en fallait.

Puis il allait au cabaret
Puis il allait au cabaret
Sa petite goutte il buvait
Sa petite goutte il buvait.
Il la buvait si juste…

Quand à la maison il rentrait
Quand à la maison il rentrait
Sa petite femme il battait
Sa petite femme il battait.
Il la battait si juste…

Et le soir pour la consoler
Et le soir pour la consoler
Sa petit'femme il embrassait
Sa petit'femme il embrassait.
Il l'embrassait si juste…

Il était une fois

Cette comptine originaire de Champagne connaît de très nombreuses versions et a influencé une réclame radiophonique du pays de Liège : « Il était une fois | Un p'tit bonhomme de Foix | Qui vendait du foie | Sur la place Sainte-Foi. | Il se dit : Ma foi, Puisque j'ai mal au foie, | J'achète cette fois | Une tasse de thé, ma foi, | Boldoflorine, ma foi. »

Il é - tait une fois Une mar-chande de foie Qui ven-dait du foie Dans la ville de

Foix. Elle se dit : Ma foi C'est la der-nière fois Que je vends du foie Dans la ville de Foix.

Il était une fois
Une marchande de foie
Qui vendait du foie
Dans la ville de Foix.
Elle se dit : Ma foi
C'est la dernière fois
Que je vends du foie
Dans la ville de Foix.

Ainsi font,
font, font

La popularité des marionnettes en France remonte à la fin du XVIᵉ siècle. Avant de savoir parler, les petits enfants miment cette chanson, prélude à la nuit.

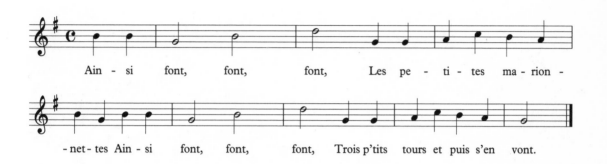

Ain - si font, font, font, Les pe - ti - tes ma - rion -

-net - tes Ain - si font, font, font, Trois p'tits tours et puis s'en vont.

Ainsi font, font, font,
Les petites marionnettes
Ainsi font, font, font,
Trois p'tits tours et puis s'en vont.

Les mains aux côtés,
Sautez, sautez, marionnettes,
Les mains aux côtés,
Marionnettes, recommencez.

Derrière chez moi

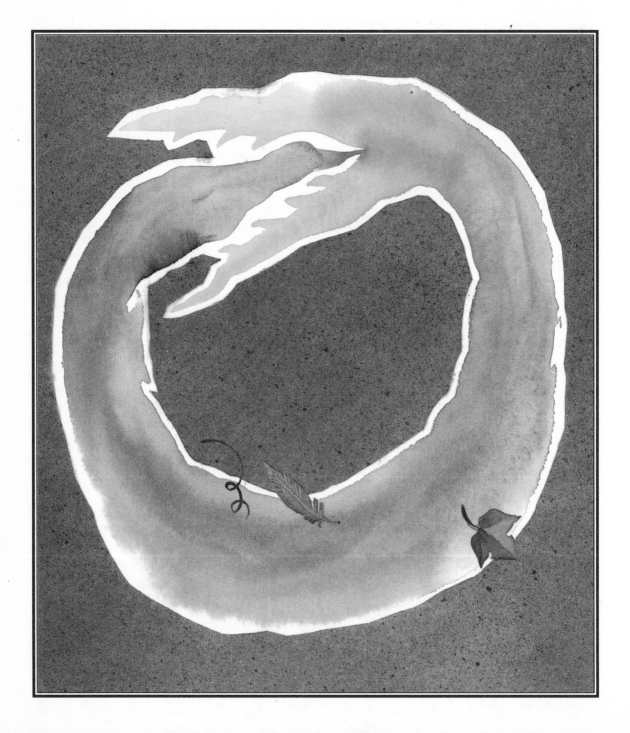

Cette chanson du XVIe siècle, composée par un élève de Josquin des Prés, se chantait en dansant.

Derrière chez moi devinez ce qu'il y a ?
Derrière chez moi devinez ce qu'il y a ?
L'y a un arbre, le plus bel arbre,
Arbre du bois, petit bois derrièr' chez moi.

Refrain
Et la lon là lon lère et la lon là lon là
Et la lon là lon lère et la lon là lon là

Et sur cet arbre devinez ce qu'il y a ?
Et sur cet arbre devinez ce qu'il y a ?
Y'a un'branche, la plus belle branche
Branche sur l'arbre, arbre du bois,
Petit bois derrière chez moi.

Et sur cett'branche devinez ce qu'il y a ?
Y a un'feuille…

Et sur cette feuille…
Y'a un nid…

Et dans ce nid…
Y'a une aile…

Et sur cette aile…
Y'a une plume…

Et sur cette plume…
Y'a un poil *(poêle)*…

Et dans ce poêle…
Y'a un feu…

Et dans ce feu…
Y'a un arbre…

Am stram gram

Cette comptine très connue dans toutes les régions de France ainsi qu'en Suisse romande a même gagné la Grèce. Elle proviendrait des régions romanes voisines de Bruxelles, du pays flamand et du grand-duché de Luxembourg. Voici une variante : « Amsterdam / Pic et pic et colégram / Bour et bour et ratatam / Mistram gram / Pic ! »

Am stram gram Pic et pic et co-lé - gram Bour et bour et ra-ta - tam Am stram gram

Am stram gram
Pic et pic et colégram
Bour et bour et ratatam
Am stram gram
Pic !

Do, do,
l'enfant do,

A l'origine, cette berceuse est un air de carillon, l'Angélus, puis une contredanse. Elle a été publiée en 1747-1748.

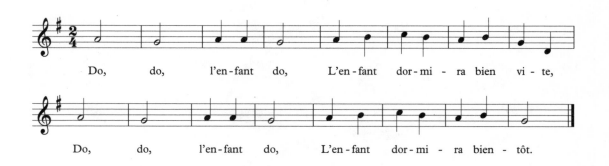

Do, do, l'en-fant do, L'en-fant dor-mi - ra bien vi - te,

Do, do, l'en-fant do, L'en-fant dor-mi - ra bien - tôt.

Do, do, l'enfant do,
L'enfant dormira bien vite,
Do do, l'enfant do,
L'enfant dormira bientôt.

Se canto que canto

Cette chanson très connue est chantée partout en langue d'Oc, dans le Sud de la France et ailleurs. Son harmonie et sa beauté font de cette mélodie un chant de ralliement de tous les amoureux de la nature et de la montagne.

Des - sous ma fe —— nê - tre Y'a un oi - - - se -

-let, Tou - te la nuit chan - te, Chan - te sa chan -

Refrain
-son S'il chan - te, qu'il —— chan - te, Ce n'est pas pour

moi, Mais c'est pour ma mi - e Qui est loin de —— moi.

Dessous ma fenêtre
Y'a un oiselet
Toute la nuit chante,
Chante sa chanson.

Refrain
S'il chante, qu'il chante
Ce n'est pas pour moi,
Mais c'est pour ma mie
Qui est loin de moi.

Ces fières montagnes
A mes yeux navrés
Cachent de ma mie
Les traits bien-aimés.

Baissez-vous montagnes
Plaines, haussez-vous
Que mes yeux s'en aillent
Où sont mes amours.

Les chères montagnes
Tant s'abaisseront
Qu'à la fin de ma mie
Mes yeux reverront.

Debaat ma fennestro
A un aouselou,
Touto la ney canto
Canto pas per your.

Refrain
Se canto, que canto.
Canto pas per you,
Canto per ma mio
Qu'es allen de you.

Aquellos montagnos
Que tan hautos soun
M'empachon de veyre
Mas amours oun soun.

Bassas-bous montagnos
Plano aoussas-bous
Per que posqui bere
Mas amours oun soun.

Aquellos montagnos
Tant s'abacharan
Et mas amourettos
Se rapproucharan.

261

Une araignée
sur le plancher

Cette comptine nous vient du Gapençais, et connaît une version similaire à Bruxelles.
L'araignée est l'héroïne d'autres comptines comme celle-ci : « Les araignées, les araignées |
Sortent le dimanche | Maman l'a vu | Papa l'a dit | Lundi mardi | Jeudi dimanche | Elles
se tenaient toutes par la manche | Catherine, sauve-toi | Si je t'attrape | Tant pis pour toi. »

Sur   le plan-cher, une   a - rai-gnée Se   tri-co-tait des   bot — tes. Dans

un   fla-con,   un   li-ma-çon En - fi-lait sa   cu - lot — te.

J'a - per - çois   au   ciel   Une mou - che   à   miel
Les - rats tout con - fus   Son - naient l'an - gé - lus

Pin — çant   sa   gui - ta — re.
Au   son   d'la   fan - - - - - - fa - - - re.

Sur le plancher, une araignée
Se tricotait des bottes.
Dans un flacon, un limaçon
Enfilait sa culotte.
J'aperçois au ciel :
Une mouche à miel
Pinçant sa guitare.
Les rats tout confus
Sonnaient l'angélus
Au son d'la fanfare.

A la pêche aux moules

C'est sans doute un branle saintongeais (danse ancienne dans laquelle les danseurs, en chaîne ou en cercle, exécutent des pas latéraux) intitulé Aux abords de Marennes qui est à l'origine de cette chanson. Recueilli par écrit en 1854, il aurait été déformé pour devenir une danse légère et rapide très populaire en Saintonge.

A la pêche aux moules
Je ne veux plus aller,
Maman !
A la pêche aux moules
Je ne veux plus aller.

Les garçons de Marennes
Me prendraient mon panier,
Maman.
Les garçons de Marennes
Me prendraient mon panier.

Quand un'fois ils vous tiennent
Sont-ils de bons enfants,
Maman ?
Quand un'fois ils vous tiennent
Sont-ils de bons enfants ?

Ils vous font des caresses
De petits compliments,
Maman !
Ils vous font des caresses
De petits compliments.

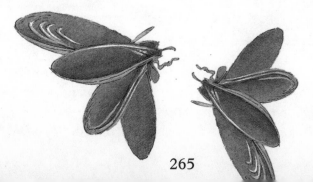

C'est demain dimanche

Cette comptine connaît de nombreuses versions dont celle-ci que l'on trouve en Bretagne, Ile-de-France, Franche-Comté, Limousin et aussi en Algérie. Voici une autre version : « C'est demain jeudi | La fête à mon mari | Qui balaie son écurie | Avec une botte de radis. | Il trouve une souris, | Il lui dit : "Petite amie, | Va donc voir au Paradis | Si j'y suis? " »

C'est de-main di - man - che   La fête à ma tan - te

Qui ba-laie sa   cham - bre   A - vec sa rob' blan - che.   Elle trouve une o -

-ran - ge,   L'é-pluche et la   man - ge,   Oh ! la gross'gour - mande !

C'est demain dimanche
La fête à ma tante
Qui balaie sa chambre
Avec sa rob' blanche.
Elle trouve une orange,
L'épluche et la mange,
Oh ! la gross'gourmande !

L'empereur
et le p'tit Prince

Dans cette chanson à récapitulation, on énumère tous les jours de la semaine.

Lun - di ma - tin L'em - p'reur, sa femme et le p'tit prin - ce Sont ve - nus chez

moi Pour me ser - rer la pin - ce Comm' j'é - tais par - ti Le p'tit prince a

dit : Puis - que c'est ain - si nous re - vien - drons mar - di.

Lundi matin
L'emp'reur, sa femme et le p'tit
prince
Sont venus chez moi
Pour me serrer la pince
Comm' j'étais parti
Le p'tit prince a dit :
Puisque c'est ainsi nous
reviendrons mardi.

Mardi matin...

*(Continuer avec tous les jours de la
semaine.)*

Gouttelettes

Cette chanson bien connue est contemporaine. Elle nous vient en effet de Francine Cockenpot, née en 1918, et auteur de nombreuses chansons.

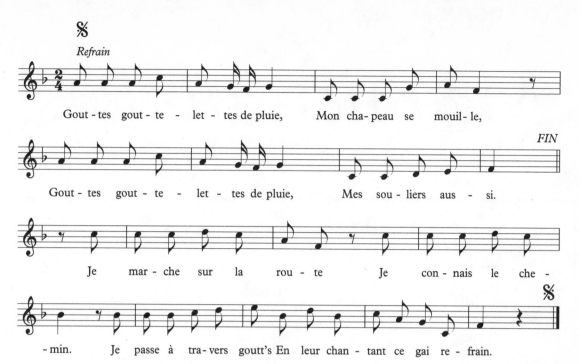

Goutt - tes gout - te - let - tes de pluie, Mon cha - peau se mouil - le,

FIN

Gout - tes gout - te - let - tes de pluie, Mes sou - liers aus - si.

Je mar - che sur la rou - te Je con - nais le che -

- min. Je passe à tra - vers goutt's En leur chan - tant ce gai re - frain.

Refrain
Gouttes gouttelettes de pluie,
Mon chapeau se mouille,
Gouttes gouttelettes de pluie,
Mes souliers aussi.

Je marche sur la route
Je connais le chemin.
Je passe à travers goutt's
En leur chantant ce gai refrain.

Je marche dans la boue
J'en ai jusqu'au menton
J'en ai même sur les joues
Et pourtant je fais attention.

Mais derrière les nuages
Le soleil s'est levé.
Il sèche le village,
Mon chapeau et mes souliers.

Dernier refrain
Gouttes gouttelettes de pluie,
Adieu les nuages.
Gouttes gouttelettes de pluie,
L'averse est finie.

271

Meunier, tu dors

Cet air fait son apparition au début du XVIIIᵉ siècle. Dans la tradition des chansons populaires, c'est la meunière qui feint le sommeil pour mieux se laisser séduire. Le personnage du meunier aurait été créé pour les besoins du répertoire enfantin.

Meu - nier, tu dors, Ton mou - lin, Va trop vi - te, Meu -

-nier, tu dors, Ton mou - lin, Va trop fort. Ton mou - lin,

ton mou - lin Va trop vi - te, Ton mou - lin,

ton mou - lin Va trop fort. ton mou-lin fort !

1.

2.

D.C.

Meunier, tu dors,
Ton moulin, ton moulin
Va trop vite,
Meunier, tu dors,
Ton moulin, ton moulin
Va trop fort.
Ton moulin, ton moulin
Va trop vite,
Ton moulin, ton moulin
Va trop fort.

D'où venez-vous, Perrine ?

Cette ronde qui provient de la Basse-Bretagne, c'est-à-dire la Bretagne de l'Ouest, date probablement du XVIIIᵉ siècle.

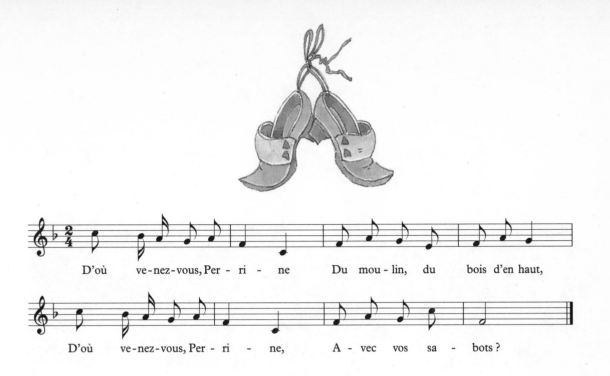

D'où ve-nez-vous, Per - ri — ne   Du mou - lin, du   bois d'en haut,

D'où ve-nez-vous, Per - ri — ne,   A - vec vos sa - bots ?

D'où venez-vous, Perrine
Du moulin, du bois d'en haut,
D'où venez-vous, Perrine,
Avec vos sabots ?

Je reviens de la noce,
Du moulin, du bois d'en haut,
Je reviens de la noce
Avec mes sabots.

Et que faire à la noce ?
Du moulin, du bois d'en haut,
Et que faire à la noce
Avec vos sabots ?

J'ai dansé la gavotte,
Du moulin, du bois d'en haut,
J'ai dansé la gavotte
Avec mes sabots.

Margoton
va-t-à l'iau

La chanson fait partie d'un recueil intitulé Brunettes et petits airs tendres, *publié en 1711 par Ballard. Les allusions gaillardes, qui étaient dans le goût des bergeries (chansons contant les amours de bergers et de bergères) polissonnes du XVIIIe siècle, ont été supprimées.*

Mar - go - ton va - t - à l'iau a - vec - que son cru - chon,

La fon - taine é - - - tait creuse, elle est tom - bée au

fond. Aïe ! aïe ! aïe ! aïe ! se dit Mar - go - ton.

Margoton va-t-à l'iau avecque
son cruchon,
Margoton va-t-à l'iau avecque
son cruchon,
La fontaine était creuse, elle est
tombée au fond.
Aïe ! aïe ! aïe ! aïe ! se dit Margoton.

La fontaine était creuse, elle est
tombée au fond.
La fontaine était creuse, elle est
tombée au fond.
Par là passèrent trois jeunes
et beaux garçons.
Aïe ! aïe ! aïe ! aïe ! se dit Margoton.

Par là passèrent trois jeunes
et beaux garçons.
Par là passèrent trois jeunes
et beaux garçons.
Que donn'rez-vous, la bell', nous vous
retirerons.
Aïe ! aïe ! aïe ! aïe ! se dit Margoton.

Que donn'rez-vous, la bell', nous vous
retirerons.
Que donn'rez-vous, la bell', nous vous
retirerons.
Un doux baiser vous donne en guise
d'un doublon.
Aïe ! aïe ! aïe ! aïe ! se dit Margoton.

J'ai du bon tabac

Au début du XVIIIᵉ siècle, Gabriel-Charles de l'Attaignant écrit cette chanson dans laquelle il se venge du comte de Clermont en lui refusant ce qui était considéré comme la plus élémentaire courtoisie : une prise de sa tabatière. Introduit en France par Jean Nicot, ambassadeur de France à Lisbonne, le tabac (que Jean Nicot enverra à Catherine de Médicis comme remède contre les migraines) ne se fumait pas mais se prisait.

J'ai du bon ta - bac dans ma ta - ba - tiè-re, J'ai du bon ta - bac, tu n'en au-ras pas.

J'en ai du fin et du bien râ - pé, Mais ce n'est pas pour ton vi - lain nez.

J'ai du bon tabac dans ma tabatière,
J'ai du bon tabac, tu n'en auras pas.
J'en ai du fin et du bien râpé,
Mais ce n'est pas pour ton vilain nez.
J'ai du bon tabac dans ma tabatière,
J'ai du bon tabac, tu n'en auras pas.

279

Le Palais-Royal

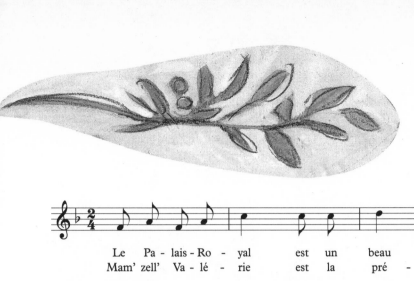

Le Pa – lais-Ro – yal est un beau quar – tier,
Mam' zell' Va – lé – rie est la pré – fé – rée

Toutes les jeu – nes filles sont à ma – ri – er. Dis – moi
De mon-sieur Fran – cis qui veut l'é – pou – ser.

oui, dis – moi non, Dis – moi si tu m'aimes, Dis –

moi oui, dis – moi non, Dis – moi oui ou non.

Le Palais-Royal est un beau quartier,
Tout (es) les jeunes fill (es) sont à marier.
Mam'zell' Valérie est la préférée
De monsieur Francis qui veut l'épouser.
Dis-moi oui, dis-moi non,
Dis-moi si tu m'aimes,
Dis-moi oui, dis-moi non,
Dis-moi oui ou non.

La pibole

Dans cette chanson folklorique poitevine, dont les paroles furent écrites en 1731 sur un air déjà connu, la mère ageasse désigne la pie en patois. La pibole serait une sorte de cornemuse.

Au prin-temps, la mère a - geas - se Au prin-temps, la mère a - geas - se Fait son

nid dans un buis-son, La pi - bo - le, Fait son nid dans un buis-son, Pi-bo-lons.

Au printemps, la mère ageasse *(bis)*
Fait son nid dans un buisson,
La pibole,
Fait son nid dans un buisson,
Pibolons.

Droit au bout de trois semaines *(bis)*
Il est né un ageasson,
La pibole,
Il est né un ageasson,
Pibolons.

Quand l'ageasson eut des ailes
Il vola sur les maisons.

Il tomba dans une église
Droit au mitan du sermon.

M'sieur l'curé dit : — Dominus (se)
— Vobiscum, dit l'ageasson.

— Quelle est la fille qui jacasse
Dit le curé aux garçons.

— M'sieur l'curé, c'est une ageasse
Ou bien un p'tit ageasson.

Nous lui f'rons faire des guêtres
Et des petits caleçons.

L'enverrons dans nos campagnes
Pour y prêcher la mission.

Sur la route de Louviers

Chanson née en Ile-de-France vers 1820.

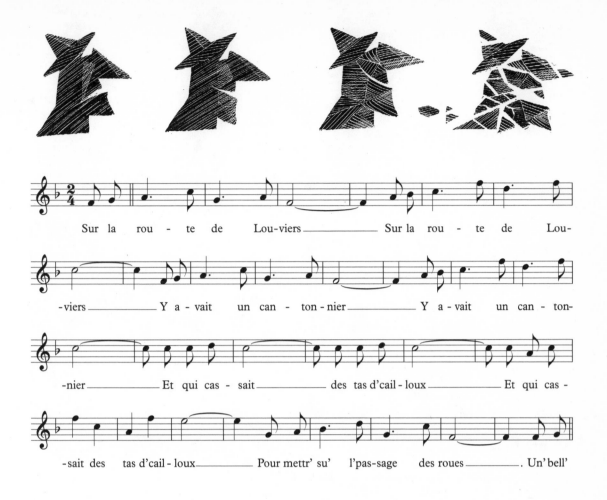

Sur la rou - te de Lou-viers ———— Sur la rou - te de Lou-
-viers ———— Y a - vait un can - ton - nier ———— Y a - vait un can - ton-
-nier ———— Et qui cas - sait ———— des tas d'cail - loux ———— Et qui cas-
-sait des tas d'cail - loux ———— Pour mettr' su' l'pas-sage des roues ———— . Un' bell'

Sur la route de Louviers *(bis)*
Y avait un cantonnier *(bis)*
Et qui cassait des tas d'cailloux *(bis)*
Pour mett'r su' l'passage des roues.

Un' bell' dam' vint à passer *(bis)*
Dans un beau carross' doré *(bis)*
Et qui lui dit : *(bis)*
— Pauv' cantonnier *(bis)*
Et qui lui dit : — Pauv' cantonnier !
Tu fais un fichu métier !

Le cantonnier lui répond :
— Faut qu' j' nourrissions nos garçons,
Car si j'roulions
Carross' comm' vous
Je n'casserions pas d'cailloux.

Cette répons' se fait r'marquer
Par sa grande simplicité
C'est c' qui prouv' que
Les malheureux
C'est c' qui prouv' que
Les malheureux
S'ils le sont, c'est malgré eux.

Vent frais

Ce canon à trois voix a été composé il y a une trentaine d'années seulement.

Vent frais, vent du ma - tin, Sou - le - vant le som - met des grands pins, Joie du vent qui souffle, al-lons dans le grand

Vent frais, vent du matin,
Soulevant le sommet des grands pins,
Joie du vent qui souffle, allons dans le grand
Vent frais…

Marie, trempe ton pain

Cette comptine de Gascogne connaît des versions analogues en Bretagne, Dauphiné, Flandre, Limousin et Lyonnais. Ce petit refrain est aussi très répandu en Belgique.

Tremp' ton pain, Ma - rie, tremp' ton pain, Ma - rie, tremp' ton pain dans la

sau - ce, Tremp' ton pain, Ma - rie, tremp' ton pain, Ma - rie,

FIN

tremp' ton pain dans le vin _____. Nous i - rons di - man - che

A la mai - son blan - che Toi, z'en nan ___ kin.

D.C.

Moi, z'en ba - sin. Tous deux en es - car - pins _____.

Tremp' ton pain, Marie, tremp' ton pain,
Marie, tremp' ton pain dans la sauce,
Tremp' ton pain, Marie, tremp' ton pain,
Marie, tremp' ton pain dans le vin.

Nous irons dimanche
A la maison blanche
Toi, z'en nankin.
Moi, z'en basin.
Tous deux en escarpins.

Ah ! les crocodiles

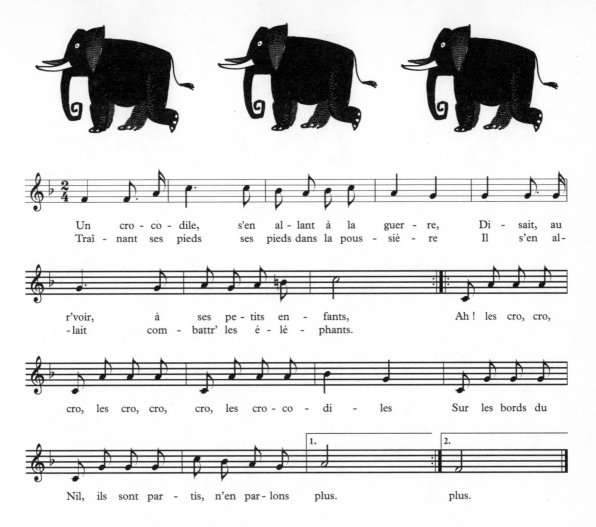

Un cro - co - dile, s'en al - lant à la guer - re, Di - sait, au
Traî - nant ses pieds ses pieds dans la pous - siè - re Il s'en al -

r'voir, à ses pe - tits en - fants, Ah ! les cro, cro,
-lait com - battr' les é - lé - phants.

cro, les cro, cro, cro, les cro - co - di - les Sur les bords du

Nil, ils sont par - tis, n'en par - lons plus. plus.

Un crocodile, s'en allant à la guerre,
Disait au r'voir à ses petits enfants,
Traînant ses pieds, ses pieds
    dans la poussière
Il s'en allait combattre les éléphants.

Refrain
Ah ! les cro, cro, cro, les cro, cro, cro,
    les crocodiles
Sur les bords du Nil, ils sont partis,
    n'en parlons plus. *(bis)*

Il fredonnait une march' militaire,
Dont il mâchait les mots à grosses dents,
Quand il ouvrait la gueule tout entière,
On croyait voir ses ennemis dedans.

Il agitait sa grand'queue à l'arrière,
Comm' s'il était d'avance triomphant.
Les animaux devant sa mine altière,
Dans les forêts, s'enfuyaient tout
    tremblants.

Un éléphant parut : et sur la terre
Se prépara ce combat de géants.
Mais près de là, courait une rivière :
Le crocodil' s'y jeta subitement.

Et tout rempli d'un' crainte salutaire
S'en retourna vers ses petits enfants.
Notre éléphant, d'une trompe
    plus fière,
Voulut alors accompagner ce chant.

C'est la cloche du vieux manoir

Ce canon à deux voix est bien connu.

C'est la clo-che du vieux ma-noir —, Du vieux ma- noir,

Qui son-ne le re - tour du soir, Le re - tour du soir.

Ding, ding, dong ! Ding, ding, dong !

C'est la cloche du vieux manoir,
Du vieux manoir,
Qui sonne le retour du soir,
Le retour du soir.
Ding, ding, dong !
Ding, ding, dong !

A Saint-Malo

Théodore Botrel a composé une autre chanson de mer qui commence ainsi : « A Saint-Malo dessus les quais... »

A   Saint-Ma - lo, beau port de   mer,   Trois beaux na - vir's sont ar - ri -

Refrain
-vés. Nous i-rons sur   l'eau, Nous y prom', pro-me - ner,   Nous i-rons   jou - er dans l'î___ le.

A Saint-Malo, beau port de mer, *(bis)*
Trois beaux navir's sont arrivés.

Refrain
Nous irons sur l'eau,
Nous y prom', promener,
Nous irons jouer dans l'île.

Trois beaux navir' sont arrivés *(bis)*
Chargés d'avoine, chargés de blé.

Trois dam' s'en vont les acheter.

Marchand, marchand, combien ton blé ?

Trois francs l'avoine, six francs le blé.

Marchand, tu n'vendras pas ton blé.

C'est bien trop cher d'une bonn'
    moitié.

Si j'le vends pas, j'le donnerai.

A ce compte, on peut s'arranger.

Le petit matelot

Cette chanson de marin du XVIIIᵉ siècle évoque l'histoire de Jonas dévoré par la baleine, appartient à la catégorie des chansons dites à tiroirs.

C'é-tait un pe - tit ma-te - lot, Sur les flots de la mer in - dienne. C'é-tait un pe - tit ma-te - lot, Oh —, Oh ———, pe - tit ma - te - lot.

C'était un petit matelot,
Sur les flots de la mer indienne.
C'était un petit matelot,
Oh, Oh, petit matelot.

Voguait de Brest à Frisco,
Sur les flots de la mer indienne.
Voguait de Brest à Frisco,
Oh, Oh, petit matelot.

Un jour le temps se fit très gros.

Serr' les voil' tout le monde en haut.

Tombe de plus de vingt mètres de haut.

On mit la chaloupe à l'eau.

Pour vite le tirer des flots.

Mais on ne sauva que son chapeau.

Sa vieille pipe et ses sabots.

Peut-être bien que le p'tit matelot.

Est dans le ventre d'un cachalot.

Mon beau sapin

Les chansons traditionnelles d'Alsace sont très nombreuses et beaucoup ont été importées. Parmi elles, une partie est d'origine allemande, comme celle-ci qui a pour titre original O Tannenbaum. *Dans l'ensemble, les chants de l'Alsace, par leur musique, s'apparentent bien plus à ceux de l'Allemagne, de la Suisse ou du Tyrol qu'à ceux de la France.*

Mon beau sa-pin, Roi des forêts, Que j'ai-me ta ver - du - re! Quand, par l'hi-ver, Bois et gué-rets Sont dé - pouil-lés De leurs at-traits, Mon beau sa-pin, Roi des fo-rêts, Tu gar-des ta pa - ru- re.

Mon beau sapin,
Roi des forêts,
Que j'aime ta verdure !
Quand, par l'hiver,
Bois et guérets
Sont dépouillés
De leurs attraits,
Mon beau sapin,
Roi des forêts,
Tu gardes ta parure.

Toi que Noël
Planta chez nous
Au saint anniversaire !
Joli sapin,
Comme ils sont doux
Et tes bonbons
Et tes joujoux !
Toi que Noël
Planta chez nous
Tout brillant de lumière.

Mon beau sapin,
Tes verts sommets
Et leur fidèle ombrage,
De la foi qui
Ne ment jamais,
De la constance
Et de la paix,
Mon beau sapin,
Tes verts sommets
M'offrent la douce image.

Un éléphant

Un éléphant, ça trompe, ça trompe,
Un éléphant, ça trompe énormément.

Refrain
La peinture à l'huile,
C'est bien difficile,
Mais c'est bien plus beau,
Que la peinture à l'eau.

Deux éléphants…
(On augmente d'un à chaque couplet.)

Allongeons la jambe

Cette chanson, à l'allure d'une comptine, accompagne le marcheur et lui donne de l'entrain.

Ma poul' n'a plus qu'vingt-neuf pous - sins - sins
Elle en a eu tren — te Al - lon-geons la jam — be !

Refrain
Al - longeons la jam-be, la jam-be Car la route est lon — gue !

Ma poul' n'a plus qu'vingt-neuf poussins *(bis)*
Elle en a eu trente
Allongeons la jambe !

Refrain
Allongeons la jambe, la jambe
Car la route est longue !
Allongeons la jambe, la jambe
Car la route est longue !

Ma poul' n'a plus qu'vingt-huit poussins *(bis)*
Elle en a eu trente
Allongeons la jambe !

Ma poul' n'a plus qu'vingt-sept poussins *(bis)*

…

Ma poule n'a plus qu'un seul poussin *(bis)*

Jean de la Lune

Les paroles de cette chanson furent composées par un certain Adrien Pagès. L'air est emprunté à une ronde, qui est elle-même l'adaptation d'un air militaire. Le thème de la miniaturisation est l'un des procédés classiques de la littérature merveilleuse et des contes populaires du monde entier.

Par u - ne tiè - de nuit de prin - temps Il y a bien de ce -

- la cent ans, Que sous un brin de per - sil, sans bruit, Tout me - nu na -

- quit : Jean de la Lu - - ne, Jean de la Lu - - ne.

Par une tiède nuit de printemps
Il y a bien de cela cent ans,
Que sous un brin de persil, sans bruit,
Tout menu naquit :
Jean de la Lune, Jean de la Lune.

Il était gros comme un champignon
Frêle, délicat, petit, mignon,
Et jaune et vert comme un perroquet
Avait bon caquet :
Jean de la Lune, Jean de la Lune.

Quand il se risquait à travers bois
De loin, de près, de tous les endroits,
Merles, bouvreuils sur leurs mirlitons
Répétaient en rond :
Jean de la Lune, Jean de la Lune.

Quand il mourut, chacun le pleura,
Dans son potiron on l'enterra,
Et sur sa tombe l'on écrivit
Sur la croix : ci-gît
Jean de la Lune, Jean de la Lune.

Le carillon
de Vendôme

Cet air de carillon évoque la situation du dauphin Charles VI qui, à la mort de son père en 1422, hérita d'un royaume de France dont l'essentiel se réduisait à la ville de Bourges et quelques dépendances : Orléans, Beaugency, etc. Tout le reste du pays était alors occupé par les troupes anglaises ou leurs alliés, qui combattirent la France au cours de guerres si nombreuses que l'on finit par les englober sous le terme de guerre de Cent Ans.

1. Mes a - mis que res - te - t-il

2. A ce Dau - phin si gen - til ?

3. Or - lé - ans, Beau - gen - cy

4. No - tre - Da - me de Clé - ry Ven -

5. -dô - me, Ven - dô - me.

Mes amis que reste-t-il
A ce Dauphin si gentil ?
Orléans, Beaugency
Notre-Dame de Cléry
Vendôme, Vendôme.

Dans les prisons de Nantes

Cette chanson, dont la première trace écrite remonte au XVIIᵉ siècle, se chantait surtout dans la Bretagne nantaise, les Côtes-du-Nord et la Normandie. Les nombreux Nantais qui émigrèrent au Canada au XVIIIᵉ siècle, la transportèrent avec eux. Elle fait désormais partie du répertoire traditionnel canadien.

Dans les pri-sons de Nan — tes, Eh' youp la la la ri tra la la, Dans les pri-sons de Nan — tes, Il y a un pri-son — nier Il y a un pri-son — nier Il y a un pri-son — nier.

Dans les prisons de Nantes,
Eh' youp la la la ri tra la la,
Dans les prisons de Nantes,
Il y a un prisonnier *(ter)*

Que personne ne va voir
Eh' youp la la la ri tra la la,
Que personne ne va voir
Que la fille du geôlier. *(ter)*

Elle lui porte à boire,
A boire et à manger.

Et des chemises blanches
Quand il veut en changer.

Un jour il lui demande :
— De moi oy'ous parler ?

— Le bruit court par la ville
Que demain vous mourrez.

— Puisqu'il faut que je meure,
Déliez-moi les pieds.

La fille était jeunette,
Les pieds lui a lâchés.

Le galant fort alerte
Dans la mer a sauté.

Quand il fut sur la grève,
Il se mit à chanter :

— Dieu bénisse les filles,
Surtout celle du geôlier.

Si je reviens à Nantes,
Oui, je l'épouserai !

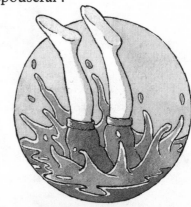

Jean Petit
qui danse

Au départ, les danseurs forment une ronde, puis ils rompent la chaîne pour frapper le sol avec la partie de leur corps désignée par les paroles. Cette chanson énumérative à récapitulation entraîne les danseurs sur un rythme très animé.

Jean Pe - tit qui dan - se, Jean Pe - tit qui dan ____ se, De son

pied il dan - se, De son pied il dan ____ se, De son

pied, pied, pied, Ain - si dan - se Jean Pe - tit.

Jean Petit qui danse, *(bis)*
De son pied il danse, *(bis)*
De son pied, pied, pied,
Ainsi danse Jean Petit.

Jean Petit qui danse, *(bis)*
De sa tête il danse, *(bis)*
De sa tête, tête, tête,
De son pied, pied, pied,
Ainsi danse Jean Petit.

(A chaque couplet, on ajoute une partie du corps : de sa tête, de sa main, de son doigt, de son coude, de son genou.)

Pomme de reinette
et pomme d'api

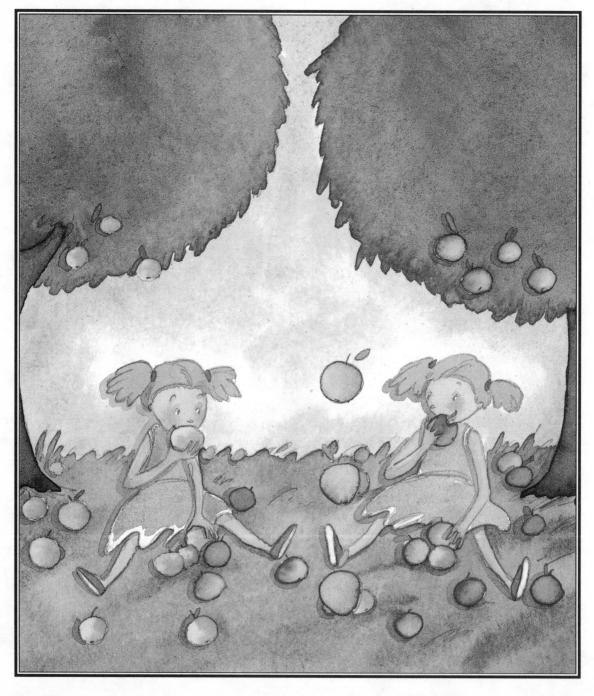

Le timbre de la comptine est déjà noté en 1821. Celle-ci, très répandue dans toute la France mais aussi en Belgique, au Canada, et en Suisse romande, connaît bien des versions et se termine aussi de façon originale comme dans cette variante qui vient de Genève : « Les pommes rouges sont à Carouge / Les pommes grises sont à Paris. »

Pomme de rei-nette et   pomme d'a- pi   Ta - pis ta - pis   rou - ge,

Pomme de rei-nette et   pomme d'a - pi   Ta - pis ta - pis   gris.

Pomme de reinette et pomme d'api
Tapis tapis rouge,
Pomme de reinette et pomme d'api
Tapis tapis gris.

V'là l'bon vent

Cette chanson, dont on ne trouve de trace écrite qu'au XIXe siècle, constitue l'un des refrains (car il y a des variantes) d'une chanson fort connue intitulée Mon père m'a donné un étang.

V'là l'bon vent, v'là l'jo-li vent V'là l'bon vent, ma——mie m'ap-pel - le,

V'là l'bon vent, v'là l'jo-li vent V'là l'bon vent, ma——

—mie m'at - tend. mie m'at - tend. 1. Der - rière chez nous y'a -

-t-un é-tang Der - rière chez nous y'a - t-un é-tang Trois beaux ca-nards s'en vont bai-gnant.

Derrière chez nous y a-t-un étang *(bis)*
Trois beaux canards s'en vont baignant.

Refrain
V'là l'bon vent, v'là l'joli vent
V'là l'bon vent, ma mie m'appelle,
V'là l'bon vent, v'là l'joli vent
V'là l'bon vent, ma mie m'attend.

Le fils du roi s'en va chassant *(bis)*
Avec son beau fusil d'argent.

Visa le noir, tua le blanc.
— O fils du roi, tu es méchant.
D'avoir tué mon canard blanc !

Par-dessous l'aile il perd son sang.

Par les yeux lui sort'des diamants,
Et par le bec l'or et l'argent.

Toutes ses plum's s'en vont au vent,
Trois dam's s'en vont les ramassant.

C'est pour en faire un lit de camp
Pour y coucher tous les passants.

Au fil des images...

Mireille d'Allancé a illustré :

- l'alouette est sur la branche ;
- Mon ami me délaisse ;
- Mon père m'a donné un étang ;
- Sur l'pont du Nord ;
- Ah ! dis-moi donc, bergère ;
- La bonne aventure ô gué ;
- Entre les deux ;
- J'ai perdu le do de ma clarinette ;
- Dansons la capucine ;
- Bonjour, Guillaume ;
- Si tu veux faire mon bonheur ;
- Dors, min p'tit quinquin ;

Boiry a illustré :

- Allons en vendanges ;
- Quand trois poules vont aux champ ;
- Frère Jacques ;
- C'était sur la tourelle ;
- Chère Elise ;
- La marche des Rois Mages ;
- Il était une bergère ;
- Savez-vous planter les choux ;
- Ah ! tu sortiras Biquette ;
- En passant près d'un petit bois ;
- Compère qu'as-tu vu ?
- Auprès de ma blonde ;
- Mon père m'a donné un mari ;
- Le pastouriau ;
- La mist' en laire ;
- Il était un petit homme, Pirouette ;
- le bon roi Dagobert ;
- Il était une fois ;
- Derrière chez moi ;

- Margoton va-t-à l'iau ;
- La pibole ;
- Sur la route de Louviers ;
- Ah, les crocodiles ;

Serge Ceccarelli a illustré :

- File la laine ;
- Les marins de Groix ;
- Bon voyage, Monsieur Dumollet ;
- Au feu, les pompiers ;
- Le grand cerf ;
- Ils étaient trois garçons ;
- Un petit bonhomme ;
- Le roi a fait battre un tambour ;
- Un petit cochon ;
- Il est né le divin enfant ;
- La barbichette ;
- La carmagnole ;
- Polichinelle ;
- Il était un p'tit cordonnier ;
- Une araignée sur le plancher ;
- J'ai du bon tabac ;
- A Saint-Malo ;
- Allongeons la jambe ;
- Dans les prisons de Nantes ;
- V'là l'bon vent ;

Terryl Euvremer a illustré :

- Compère Guilleri ;
- Maman, les p'tits bateaux ;
- Ainsi font, font, font ;
- C'est la cloche du vieux manoir ;
- Jean de la Lune ;

Michèle Forrest a illustré :

- Prom'nons-nous dans les bois ;
- Gentil coquelicot ;
- Mon père avait cinq cents moutons ;
- Dans la forêt lointaine ;
- Une poule sur un mur ;
- Alouette, gentille alouette ;
- A la volette ;
- Le vieux chalet ;
- Il pleut, il pleut, bergère ! ;
- Ah ! mon beau château ;
- Il court, il court, le furet ;
- Nous n'irons plus au bois ;
- Meunier, tu dors ;
- Vent frais ;
- Mon beau sapin ;

Claire Landais a illustré :

- Le temps des cerises ;
- Pêche, pomme, poire ;
- Ah ! vous dirai-je, maman ;
- Encore un carreau ;
- Petit papa ;
- Le carillonneur ;
- Un, deux, trois ;
- J'aime la galette ;
- Fais dodo, Colas ;
- Am stram gram ;
- Se canto que canto ;
- C'est demain dimanche ;
- Gouttelettes de pluie ;
- Le petit matelot ;
- Jean Petit qui danse ;

Annie Claude Martin a illustré :

- Cadet Rousselle ;
- Aux marches du palais ;
- Mon âne, mon âne ;
- Y'a une pie ;
- La boulangère a des écus ;
- Le chevalier du guet ;
- A la pêche aux moules ;
- D'où-venez-vous, Perrine ?

Sylvie Montmoulineix a illustré :

- Passe, passera ;
- Giroflé, girofla ;
- Entre le boeuf et l'âne gris ;
- Sur le pont d'Avignon ;
- Voici le mois de mai ;
- Malbrough ;
- La tour, prends garde ;
- Les anges dans nos campagnes ;
- En passant par la Lorraine ;
- Arlequin dans sa boutique ;
- La marguerite ;
- Biron ;
- Le 31 du mois d'août ;
- La mère Michel ;
- Derrière chez mon père ;
- Il était un petit homme ;
- La Paimpolaise ;
- Le fermier dans son pré ;
- Gugusse ;
- Ils étaient trois petits enfants ;
- Joli tambour ;
- Jeanneton prend sa faucille ;
- Le Palais Royal ;
- Marie trempe ton pain ;
- Le carillon de Vendôme ;

Francine Vergeaux a illustré :

- A la claire fontaine ;
- Une souris verte ;
- Au clair de la lune ;
- Bonjour, ma cousine ;
- Ne pleure pas, Jeannette ;
- Dame Tartine ;
- Le mouton ;
- Ballade à la lune ;
- Il était un petit navire ;
- Do, do, l'enfant do ;
- L'empereur et le p'tit Prince ;
- Un éléphant ;
- Pomme de reinette et pomme d'api.